PRINCIPES

DE LA MUSIQUE

OUVRAGES DU MÊME AUTEUR

En vente chez GIROD, boulevard Montmartre, 16.

COURS COMPLET D'HARMONIE, théorique et pratique. Nouvelle édition, 2 volumes grand in-8.
Chaque volume se vend séparément. Prix. . . . . 10 fr.

> Approuvé par l'Académie des beaux-arts de l'Institut de France, et adopté pour servir à l'enseignement au Conservatoire de musique.

MANUEL D'HARMONIE. 1 volume grand in-8. Prix . . . . 7 fr.

MESSE A QUATRE VOIX (soli et chœurs), avec accompagnement d'orgue, de violoncelle et contre-basse (ad libitum), dédiée à Mgr Darboy, archevêque de Paris. Prix net . . . . 7 fr.
Parties séparées. Net. . . . . 3 fr.
Parties de violoncelle et contre-basse. Net. . . . . 1 fr.

RECUEIL DE PLAINS-CHANTS D'ÉGLISE, transcrits en notation moderne et harmonisés à trois et quatre voix. Publié avec l'approbation de Mgr l'Archevêque de Paris. Net. . . . . 6 fr.

DIVERS MOTETS et morceaux de musique sacrée.

Paris. — Imprimerie de E. MARTINET, rue Mignon, 2.

PRINCIPES
DE LA MUSIQUE

ET

MÉTHODE DE TRANSPOSITION

PAR

AUGUSTIN SAVARD

Professeur au Conservatoire impérial de musique.

OUVRAGE APPROUVÉ PAR L'ACADÉMIE DES BEAUX-ARTS

et adopté pour servir à l'enseignement

AU CONSERVATOIRE IMPÉRIAL DE MUSIQUE

DEUXIÈME ÉDITION

PARIS

LIBRAIRIE DE L. HACHETTE ET Cⁱᵉ
BOULEVARD SAINT-GERMAIN, N° 77

ET CHEZ GIROD, ÉDITEUR DE MUSIQUE
BOULEVARD MONTMARTRE, N° 16

1865

Tous droits réservés.

INSTITUT DE FRANCE.

ACADÉMIE DES BEAUX-ARTS.

Rapport de la Section de musique sur l'ouvrage de M. Augustin Savard, *intitulé :* Principes de la musique.

Paris, le 14 décembre 1861.

Sous le titre de Principes de la musique, M. Augustin Savard, l'un des professeurs les plus distingués du Conservatoire, soumet un nouvel ouvrage à l'Académie. Cet ouvrage forme en quelque sorte le préambule d'un Cours d'harmonie théorique et pratique déjà publié par le même auteur, et auquel l'Académie a accordé son approbation.

Exposer les éléments de l'art musical dans un ordre logique, clair et précis, de manière à être également utile aux professeurs et aux élèves, tel est le programme que s'est tracé M. Savard, et qu'il nous semble avoir rempli avec succès.

Nous signalerons comme particulièrement dignes d'éloges les chapitres consacrés à l'étude des intervalles, des tonalités, des modes et de la transposition. Nous remarquerons en outre que l'auteur a su mettre dans ses explications didactiques plus de savoir et d'intérêt qu'on n'en trouve ordinairement dans les productions purement élémentaires.

C'était le meilleur moyen de seconder les tendances d'une époque où, par un mouvement presque irrésistible, toutes les intelligences et toutes les classes de la société sont entraînées vers l'étude de la musique.

La Section de musique pense, messieurs, que le nouvel ouvrage de M. Augustin Savard peut être considéré comme une des publications les plus utiles aux progrès de l'enseignement.

Les membres de la Section de musique :

MM. Auber, Carafa, A. Thomas, Reber, Clapisson, Berlioz.

Pour copie conforme,

Le Secrétaire perpétuel,

Signé : Halévy.

CONSERVATOIRE IMPÉRIAL DE MUSIQUE ET DE DÉCLAMATION.

Paris, le 3 décembre 1864.

Le Comité des études musicales du Conservatoire a examiné l'ouvrage intitulé : PRINCIPES DE LA MUSIQUE, que lui a soumis M. Augustin Savard, professeur attaché à cet établissement. Il y a reconnu l'expérience et le talent dont l'auteur a toujours fait preuve dans son enseignement, ainsi que dans le TRAITÉ D'HARMONIE qu'il a déjà publié.

Son nouvel ouvrage se distingue par l'ordre logique dans lequel sont exposés les éléments essentiels de la musique. Il a surtout traité avec autant de clarté que de précision des chapitres importants, tels que : les modes, la tonalité, la transposition, etc. Les élèves y trouveront une excellente introduction à l'étude de l'harmonie.

En conséquence, le Comité pense que M. Savard a pleinement réussi dans la tâche qu'il s'était donnée, et adopte ses PRINCIPES DE LA MUSIQUE pour l'usage des classes du Conservatoire.

Signé : AUBER, directeur-président; Édouard MONNAIS, commissaire impérial; M. CARAFA; F. HALÉVY; Ambroise THOMAS; Georges KASTNER; Ch. DANCLA; GALLAY; PRUMIER.

A. de BEAUCHESNE,

Secrétaire.

PRÉFACE

Faire connaître les éléments d'un art qui occupe, de nos jours, une si grande place, est un travail d'une opportunité incontestable. Si la pratique de la musique se vulgarise, il faut qu'à cette pratique se joigne la connaissance des principes sur lesquels elle repose.

Et cependant, pour beaucoup de ceux qui cultivent la musique, il n'en est pas ainsi. Souvent, après de longues années consacrées exclusivement à l'étude du mécanisme de l'exécution, toute la science musicale se borne à la connaissance usuelle des signes de la notation.

Cette ignorante insouciance des principes et des saines traditions est funeste aux intérêts de l'art, car elle laisse le champ libre au charlatanisme et à toutes les cupides exploitations.

Ajoutons que si elle nuit à l'art, elle n'est pas moins préjudiciable à l'individu. C'est surtout quand l'élève veut s'initier à la science de l'harmonie et de la composition, que cette lacune laissée dans les premières études devient un malheur presque irréparable. L'éducation musicale a été manquée ; elle doit être reprise en sous-œuvre. Mais l'amour-propre ne veut pas s'avouer cela, ou bien le temps fait défaut. Le professeur est alors obligé d'avoir recours à des procédés empiriques, au lieu de s'adresser à l'intelligence ; l'élève pourra acquérir le métier, jamais le savoir.

Frappé de ces considérations, nous venons exposer les résultats de l'expérience que nous avons acquise pendant notre professorat. Ce travail, produit pour les besoins de notre enseignement, s'est trouvé fait et mis en œuvre avant de devenir le livre que nous éditons ; et ce n'est qu'après l'espèce de consécration qu'il a reçue de cette épreuve que nous osons le livrer à la publicité.

Ce n'est pas ici une œuvre d'imagination. Nous ne prétendons pas avoir *inventé* les principes de la musique. Notre tâche se bornait à apporter de l'ordre dans la classification des matériaux, de la précision et de la netteté dans la rédaction. Nous avons profité des travaux de nos devanciers, et nous leur payons un juste tribut de reconnaissance.

Mais nous avons essayé surtout de faire un ouvrage pratique, une véritable *méthode*; et c'est par là, nous le croyons, que ce livre se distingue de ceux qui ont été publiés sur le même sujet.

Voici les idées qui nous ont dirigé :

Le plus souvent l'étude de la musique est commencée dès l'enfance; or, pour cet âge particulièrement, il faut de la clarté et de la simplicité. L'enfant ne saisit guère que le côté sensible des choses; il apprend vite à connaître les signes, il retient facilement les mots.

Le premier enseignement doit se borner à les présenter d'une manière simple et méthodique; il ne peut tout dire, mais il doit préparer l'avenir.

On ne sait bien que ce que l'on a pratiqué. L'étude pratique de la musique doit donc accompagner ces premières notions, succinctes, mais générales.

L'élève, ainsi préparé à un enseignement plus substantiel, entreprendra avec succès une étude approfondie de la langue musicale qu'il commence à parler. Cette étude, que nous pourrions appeler *grammaticale*, trouvera plus tard son complément dans l'analyse raisonnée des chefs-d'œuvre de l'art. Alors, homme de goût, musicien instruit et éclairé, il possèdera quelque chose de plus et de mieux que cette dextérité toute mécanique qui ne s'acquiert et ne se conserve que par un labeur incessant.

Voici le plan que nous avons suivi :

Un court exposé, intitulé : Premières Notions, donne, sous la forme la plus simple et qui nous a paru la mieux appropriée à un enseignement primaire, les rudiments de la langue des sons. Ce petit questionnaire pourra être appris par cœur, et il fournira au jeune élève les connaissances strictement nécessaires pour éclairer ses premiers pas.

Après cette sorte d'ABC, nous abordons pleinement notre sujet. Cette partie de notre travail, intitulée : ÉTUDE DÉVELOPPÉE, forme un tout complet, indépendant ; elle est en réalité tout l'ouvrage. Nous y reprenons, sous une forme explicative, ce que les *premières notions* contenaient en germe, nous conformant ainsi à la marche de la nature.

Cependant, comme un voyageur qui, chaque jour, se rend compte de l'espace qu'il a franchi, nous nous arrêtons fréquemment, et, jetant les yeux sur le chemin parcouru depuis la dernière étape, nous donnons un résumé dont les courts paragraphes peuvent être retenus facilement. Chacun de ces résumés est suivi d'*exercices* qui permettent de s'assurer qu'on a bien compris ce qui a été dit, et fournissent le moyen d'en faire l'application.

Les élèves auxquels un enseignement explicatif ne saurait convenir, pourraient s'en tenir à ces résumés écrits en caractères plus gros que le reste du texte, et aux exercices qui les suivent.

Enfin, pour ne pas entraver la marche régulière de l'enseignement, nous avons rejeté dans des notes, à la fin du livre, les éclaircissements sur des faits qui se rattachent, soit aux origines, soit à la partie scientifique de l'art, et qu'il importe à un musicien de ne pas ignorer.

Nous avons multiplié les *questions* et les *exercices* sur la théorie et son application ; nous indiquons aussi un cours de *dictées musicales*, mais nous n'avons pas cru devoir y joindre des leçons de solfége. Les solféges ne manquent pas, et c'eût été grossir inutilement ce livre déjà trop volumineux.

Ceux qui, après ce cours élémentaire, voudraient poursuivre leurs études, seront merveilleusement préparés à l'étude de l'harmonie (1). Pour eux, les aspérités de la route se trouveront aplanies, et ces PRINCIPES répandront la lumière sur tout ce qui reste à apprendre.

---

(1) Nous indiquerons comme faisant suite à cet ouvrage notre *Manuel d'harmonie* et notre *Cours complet d'harmonie*.

PREMIÈRES NOTIONS

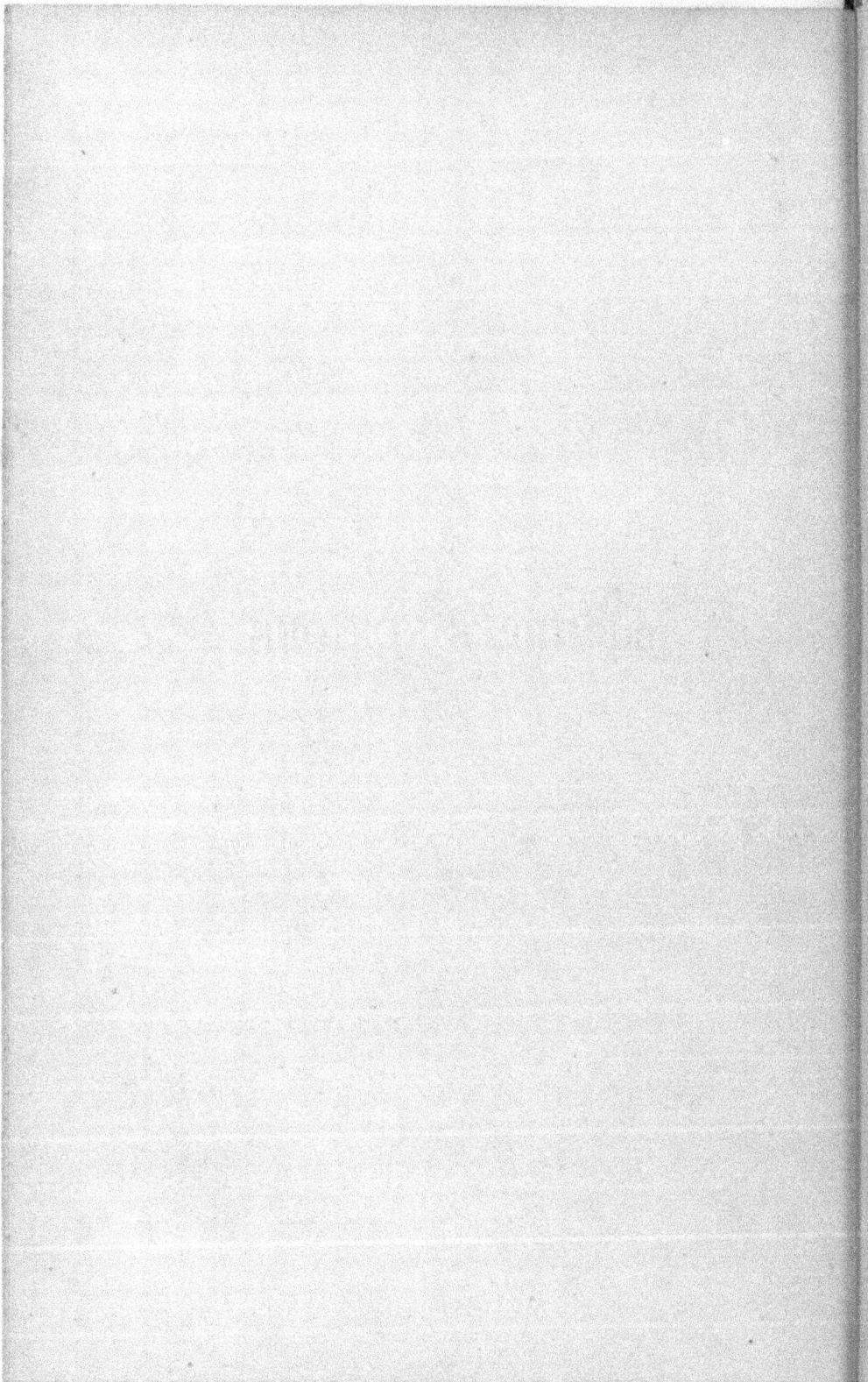

PRINCIPES DE LA MUSIQUE

PREMIÈRES NOTIONS.

(On peut, au besoin, simplifier encore ces courtes notions, en laissant de côté, pour un temps, tout le texte en petit caractère.)

PREMIÈRE LEÇON.

DE LA MUSIQUE. — DES NOTES. — DE LA PORTÉE.

D. *Qu'est-ce que la musique ?* Définition de
la musique.

R. C'est l'art de combiner les sons.

D. *Comment représente-t-on les sons dont on se sert en musique ?* Notes.

R. On représente les sons par des signes appelés notes, qu'on place sur la portée.

D. *Qu'est-ce que la portée ?* Portée.

R. On nomme *portée* la réunion de cinq lignes sur lesquelles on écrit la musique.

D. *Quelle est la première ligne de la portée ?*

R. C'est la ligne du bas.

EXEMPLE :
```
5e ligne._____
4e ligne._____
3e ligne._____
2e ligne._____
1re ligne._____
```

D. *Comment se placent les notes sur la portée ?* Manière dont
se posent les

R. Les notes se placent sur les lignes et entre les lignes de la portée. notes sur la
portée.

EXEMPLE :

D. *Peut-on augmenter l'étendue de la portée?*

R. On peut, au besoin, augmenter l'étendue de la portée en y ajoutant de petites lignes que l'on appelle *lignes supplémentaires*.

EXEMPLE :

DEUXIÈME LEÇON.

NOMS DES NOTES. — ÉCHELLE OU GAMME DIATONIQUE.

D. *Quels noms donne-t-on aux notes ?*

R. On donne aux notes les noms : *ut* (ou *do*), *ré, mi, fa, sol, la, si*.

Ces notes représentent une série de sons s'élevant graduellement.

Lorsqu'on a épuisé cette série de sons, on en recommence une autre toute semblable, quoique plus élevée, à laquelle on applique les mêmes noms; puis une troisième, et ainsi de suite.

1re SÉRIE.	2e SÉRIE.	3e SÉRIE.

EXEMPLE :   *ut, ré, mi, fa, sol, la, si,*   *ut, ré, mi, fa, sol, la, si,*   *ut, ré, mi, fa, sol, la, si.*

De même, en sens inverse, en descendant.

D. *Comment appelle-t-on la série des notes se succédant dans l'ordre ci-dessus, en montant, et dans l'ordre inverse, en descendant ?*

R. Cette succession s'appelle *gamme* ou *échelle diatonique*.

EXEMPLE :

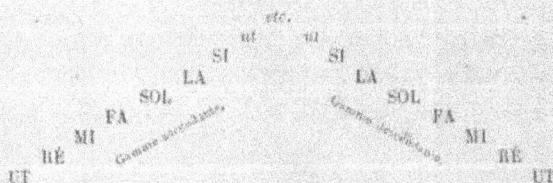

TROISIEME LEÇON.

DES CLEFS.

D. *Comment indique-t-on la place qu'occupe sur la portée chacune des* notes de la gamme?

R. Par le moyen des *clefs*.

D. *Qu'est-ce qu'une clef?*

R. Une clef est un signe qui indique la position d'une note, et, par celle-ci, la position des autres notes.

D. *Où se place la clef?*

R. La clef se place au commencement de la portée, sur l'une des cinq lignes.

D. *Combien y a-t-il de sortes de clefs? Quelles sont-elles?*

R. Il y a trois sortes de clefs : la clef de *fa* ♭:, la clef d'*ut* 𝄡, et la clef de *sol* 𝄞.

D. *Quelle est la destination particulière de chacune de ces clefs?*
R. La clef de *sol* sert à écrire les sons *aigus* (élevés); la clef de *fa* s'emploie pour les sons *graves* (bas); et la clef d'*ut* est destinée aux sons du *médium* (milieu).

D. *Chaque clef peut-elle occuper sur la portée diverses positions?*
R. Chacune de ces clefs peut être posée sur différentes lignes.

D. *Quelles sont les clefs les plus usitées?*

R. Ce sont : la clef de *sol*, sur la deuxième ligne, et la clef de *fa*, sur la quatrième ligne.

Position des notes par la clef de *sol*, 2ᵉ ligne.

Position des notes par la clef de *fa*, 4ᵉ ligne.

NOTA. — L'*ut* marqué de ce signe * en clef de *sol* est le même son que l'*ut* marqué du même signe en clef de *fa*. Cela s'appelle *unisson*.

QUATRIÈME LEÇON.

SIGNES DE DURÉE. — VALEURS DES NOTES.

Valeurs des notes. D. *Comment fait-on pour indiquer la durée plus ou moins longue des sons?*

R. Pour indiquer la durée plus ou moins longue des sons, on varie la figure des notes.

D. *Quelles sont les diverses figures des notes?*

R. Ce sont : la *ronde* 𝅝, la *blanche* 𝅗𝅥, la *noire* ♩, la *croche* ♪,

la *double croche* ♬, la *triple croche* , et la *quadruple croche* ,

D. *Quelle est la valeur de la ronde?*

R. La ronde 𝅝 vaut deux blanches 𝅗𝅥 𝅗𝅥 ;

ou 4 noires.
ou 8 croches.
ou 16 doubles croches.
ou 32 triples croches.
ou 64 quadruples croches.

D. *Quelle est la valeur de la blanche?*

R. La blanche 𝅗𝅥 vaut deux noires ♩ ♩ ;

ou 4 croches.
ou 8 doubles croches.
ou 16 triples croches.
ou 32 quadruples croches.

D. *Quelle est la valeur de la noire?*

R. La noire ♩ vaut deux croches ♫ ;

ou 4 doubles croches.
ou 8 triples croches.
ou 16 quadruples croches.

D. *Quelle est la valeur de la croche?*

R. La croche ♪ vaut deux doubles croches ♬ ;

ou 4 triples croches.
ou 8 quadruples croches.

D. *Quelle est la valeur de la double croche ?*

R. La double croche ♪ vaut deux triples croches ♫ ;
   ou 4 quadruples croches.

D. *Quelle est la valeur de la triple croche ?*

R. La triple croche ♪ vaut deux quadruples croches ♫.

CINQUIÈME LEÇON.

SIGNES DE DURÉE (SUITE). — SILENCES.

D. *Qu'appelle-t-on silences ?*

R. On appelle *silences* les signes qui indiquent l'interruption momentanée des sons.

D. *Y a-t-il, pour chaque valeur de note, un silence équivalent ?*

R. Il y a pour chaque valeur de note une valeur de silence correspondante.

D. *Quel est le silence qui équivaut à la ronde ?*

R. La pause ▬ est égale à la ronde. . . . . . 𝅗
   Nota. — La pause est placée au-dessous de la ligne.

D. *Quel est le silence qui équivaut à la blanche ?*

R. La *demi-pause* ▬ est égale à la blanche. . . 𝅗𝅥
   Nota. — La demi-pause est placée au-dessus de la ligne.

D. *Quel est le silence qui équivaut à la noire ?*

R. Le *soupir* 𝄽 est égal à la noire. . . . . ♩
   Nota. — La tête du soupir est à droite.

D. *Quel est le silence qui équivaut à la croche ?*

R. Le *demi-soupir* 𝄾 est égal à la croche . . . . . ♪
   Nota. — La tête du demi-soupir est à gauche.

D. *Quel est le silence qui équivaut à la double croche ?*

R. Le *quart de soupir* 𝄿 est égal à la double croche. ♫
   Nota. — Autant de têtes au silence qu'il y a de crochets à la note.

D. *Quel est le silence qui équivaut à la triple croche?*

R. Le *huitième de soupir* 𝄾 est égal à la triple croche.
NOTA. — Autant de têtes au silence qu'il y a de crochets à la note.

D. *Quel est le silence qui équivaut à la quadruple croche?*

R. Le *seizième de soupir* 𝄾 est égal à la quadruple croche.
NOTA. — Autant de têtes au silence qu'il y a de crochets à la note.

SIXIÈME LEÇON.

SIGNES DE DURÉE (SUITE). — POINTS D'AUGMENTATION. — LIAISON.

Points d'augmentation après les notes.

D. *Quel est l'effet du point placé après une note?*

R. Un point placé après une note augmente de moitié la valeur de cette note.

D. *Que vaut une ronde pointée?*

R. Une ronde pointée. . . . .

vaut une ronde et demie ou trois blanches. . .

D. *Que vaut une blanche pointée?*

R. Une blanche pointée. . . . .

vaut une blanche et demie et trois noires. . . .

D. *Que vaut une noire pointée?*

R. Une noire pointée. . . . .

vaut une noire et demie ou trois croches. . . .
Et ainsi des autres valeurs.

Points d'augmentation après les silences.

D. *Le point d'augmentation se place-t-il aussi après les silences?*

R. Le point peut aussi être mis après les silences, et il les augmente, comme les notes, de la moitié de leur valeur.

EXEMPLE :   { Un soupir pointé . . . .
{ vaut un soupir et un demi-soupir.

D. *Peut-on mettre plus d'un point après une note ou après un silence ?*

R. Une note ou un silence peuvent être suivis de deux points (et même de trois); alors le dernier point vaut toujours la moitié du précédent.

EXEMPLES :

{ Une blanche suivie de deux points. . . . .

{ vaut une blanche, une noire et une croche. . . . .

{ Un soupir suivi de deux points . . . .

{ vaut un soupir, un demi-soupir et un quart de soupir. .

D. *Qu'est-ce que la liaison ?*　　　　　　　　　　　　　Liaison.

R. La *liaison* est un signe qui sert à réunir deux ou plusieurs notes.

EXEMPLE : { équivaut à

SEPTIÈME LEÇON.

SIGNES DE DURÉE (suite). — DU TRIOLET.

D. *Qu'est-ce qu'un triolet ?*　　　　　　　　　　　　　Triolet.

R. Un *triolet* est un groupe de trois notes égales qui doit être fait dans le temps que dureraient deux notes ordinaires de même figure que celles du triolet.

D. *Comment indique-t-on les triolets ?*

R. On place le chiffre 3 au-dessus du groupe en triolet, pour le faire reconnaître.

EXEMPLE : { équivalant à

ou à

D. *N'y a-t-il pas aussi des groupes de six notes égales pour quatre ?*　　　Groupes de six notes pour quatre.

R. Oui, il y a aussi des groupes de six notes égales équivalant à quatre notes ordinaires de la même figure.

D. *Comment indique-t-on ces valeurs?*

R. Ces valeurs sont indiquées au moyen du chiffre 6 placé au-dessus du groupe.

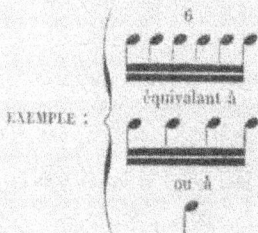

EXEMPLE :

6

équivalant à

ou à

HUITIÈME LEÇON.

DE LA MESURE.

De la mesure.

D. *Qu'est-ce que la mesure?*

R. On appelle *mesure*, en musique, la division d'un morceau en courtes parties d'égale durée.

D. *Comment figure-t-on la mesure?*

R. Au moyen des *barres de mesure.*

Barres de mesure.

D. *Qu'est-ce que les barres de mesure?*

R. On nomme *barres de mesure* les lignes qui traversent la portée de distance en distance.

Barre de mesure.   Barre de mesure.   Barre de mesure.   Barre de mesure.   Barre de mesure.

D. *Comment nomme-t-on les espaces que les barres de mesure forment entre elles?*

R. Les espaces que les barres de mesure forment entre elles se nomment *mesures.*

D. *Que contiennent les mesures?*

R. Chaque mesure contient, en notes ou en silences, une somme égale de *valeurs.*

Par exemple, si c'est une ronde qui doit former la totalité de la mesure,
chaque mesure contiendra cette valeur représentée d'une manière quelconque :

Ronde.   Valeur   Valeur   Valeur   Valeur   Valeur
de la ronde. de la ronde. de la ronde. de la ronde de la ronde.

NEUVIÈME LEÇON.

DE LA MESURE (suite). — TEMPS DE LA MESURE.

D. *Chaque mesure n'est-elle pas elle-même divisée ?*

R. Chaque mesure se divise elle-même en parties égales, que l'on
nomme *temps*.

Division de la mesure.

D. *En combien de temps divise-t-on les mesures ?*

R. Il y a des mesures à deux temps, des mesures à trois temps et des
mesures à quatre temps.

D. *N'y a-t-il pas deux sortes de temps ?*
R. On distingue, dans la mesure, des temps *forts* et des temps *faibles*.

Temps forts
et
temps faibles.

D. *Qu'est-ce qu'un temps fort ?*
R. Un temps fort est celui sur lequel le son est plus accentué, plus marqué.

D. *Quelle est la nature du premier temps de chaque mesure ?*
R. Le premier temps de chaque mesure est un temps fort.

EXEMPLES :

Mesure
à
deux temps.

Mesure
à
trois temps.

Mesure
à
quatre temps.

DIXIEME LEÇON.

MESURES SIMPLES ET MESURES COMPOSÉES. — SIGNES QUI LES INDIQUENT.

D. *Comment classe-t-on les mesures?*

R. On classe les mesures en *mesures simples* et en *mesures composées.*

Mesures simples.

D. *Qu'appelle-t-on mesures simples?*

R. Les mesures simples sont celles dont chaque temps est formé par la valeur d'une note simple : ronde, blanche, noire ou croche.

Mesures simples (à deux temps).

EXEMPLE :

Une ronde par temps.   Une blanche par temps.   Une noire par temps.   Une croche par temps.

Mesures composées.

D. *Qu'appelle-t-on mesures composées?*

R. Les mesures composées sont celles dont chaque temps est formé par la valeur d'une note pointée : ronde, blanche, noire ou croche.

Mesures composées (à deux temps).

EXEMPLE :

Une ronde pointée par temps.   Une blanche pointée par temps.   Une noire pointée par temps.   Une croche pointée par temps.

Manière d'indiquer les diverses mesures.

D. *Comment indique-t-on les diverses mesures!*

R. On les indique au moyen de signes ou de chiffres qu'on place en tête du morceau après la clef.

Mesures les plus usitées.

D. *Quelles sont les mesures les plus usitées?*

R. Voici les mesures les plus usitées et les signes qui les représentent :

MESURES SIMPLES.

Deux blanches dans la mesure.

Mesure dite à *deux-deux.*   C ou 2

Une blanche par temps.

A DEUX TEMPS

Deux quarts de ronde (deux noires) dans la mesure.

Mesure dite à *deux-quatre.*   2/4

Une noire par temps.

Trois quarts de ronde (trois noires)
dans la mesure.

À TROIS TEMPS.

Mesure dite à *trois-quatre*.

Une noire
par temps.

Trois huitièmes de ronde (trois croches)
dans la mesure.

Mesure dite à *trois-huit*.

Une croche
par temps.

Quatre noires dans la mesure.

À QUATRE TEMPS.

Une noire
par temps.

MESURES COMPOSÉES.

Six huitièmes de ronde (six croches) dans la mesure.

À DEUX TEMPS.

Mesure dite à *six-huit*.

Une noire pointée ou trois croches par temps.

Neuf huitièmes de ronde (neuf croches) dans la mesure.

À TROIS TEMPS.

Mesure dite à *neuf-huit*.

Une noire pointée ou trois croches par temps.

Douze huitièmes de ronde (douze croches) dans la mesure.

À QUATRE TEMPS.

Mesure dite à *douze-huit*.

Une noire pointée ou trois croches par temps.

D. *Comment indique-t-on le silence d'une mesure quelconque?*

R. La *pause*, outre sa signification naturelle (valeur de la ronde), sert encore à indiquer le silence d'une mesure entière, quelle qu'en soit la composition (1).

La pause,
silence d'une
mesure
quelconque.

(1) Il faut excepter les mesures, actuellement inusitées, dont la valeur excède une ronde pointée.

ONZIÈME LEÇON.

Degrés.   D. *Qu'appelle-t-on degrés de la gamme?*

R. La gamme est comparée à une *échelle*, les sons qui la composent en forment les *degrés* (les échelons).

EXEMPLE :

UT	8ᵉ degré.
SI	7ᵉ degré.
LA	6ᵉ degré.
SOL	5ᵉ degré.
FA......	4ᵉ degré
MI	3ᵉ degré.
RÉ	2ᵉ degré.
UT	1ʳᵉ degré.

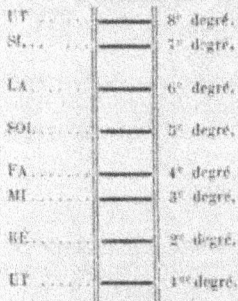

D. *La distance qui sépare les degrés de la gamme est-elle la même entre tous?*

R. Non; entre certains degrés, cette distance est d'un *ton*, et entre certains autres, elle n'est que d'un *demi-ton*.

Ton.   D. *Quelle est la distance qu'on appelle ton?*

R. On appelle *ton* toute distance semblable à celle qui sépare l'*ut* du *ré*, ou le *ré* du *mi*, ou le *fa* du *sol*, etc.

Demi-ton.   D. *Quelles sont les notes entre lesquelles il n'y a qu'un demi ton?*

R. Il n'y a qu'un *demi-ton* du *mi* au *fa*, et du *si* à l'*ut* (voyez la figure ci-dessus).

Nombre des tons et demi-tons dans la gamme.   D. *Combien la gamme diatonique (que nous avons déjà vue) renferme-t-elle de tons et de demi-tons?*

R. Cette gamme diatonique contient cinq tons et deux demi-tons.

EXEMPLE :

Position des demi-tons.   D. *Entre quels degrés les demi-tons sont-ils placés dans cette gamme?*

R. Les demi-tons sont placés (ainsi qu'on le voit dans l'exemple précédent) du troisième au quatrième degré, et du septième au huitième.

DOUZIÈME LEÇON.

SIGNES D'ALTÉRATION.

D. *Chaque ton peut-il être partagé en deux demi-tons?*
R. Oui, chaque ton peut être partagé en deux demi-tons.

D. *Par quel moyen figure-t-on cette division?*
R. Cette division est figurée au moyen des *signes d'altération.*

D. *Qu'appelle-t-on signes d'altération!*

R. On appelle *signes d'altération* des signes indiquant qu'il faut élever ou abaisser le son des notes devant lesquelles ils sont placés.

D. *Désignez les divers signes d'altération. — Indiquez leur effet.*

R. Les signes d'altération sont :

Le *dièse* ♯, qui élève la note d'un demi-ton;

Le *bémol* ♭, qui baisse la note d'un demi-ton.

D. *Existe-t-il d'autres signes d'altération que le dièse et le bémol?*
R. Il y a encore le *double dièse* 𝄪, qui hausse la note de deux demi-tons, et le *double bémol* ♭♭ qui la baisse de la même quantité.

D. *Qu'est-ce que le bécarre! à quoi sert-il!*

R. Le *bécarre* ♮ est un signe destiné à ramener à l'état *naturel* une note précédemment *altérée*.

D. *Qu'est-ce qu'une note naturelle et une note altérée!*

R. On nomme *naturelle* une note qui n'est sous l'empire d'aucun signe d'altération; et l'on nomme *altérée*, celle qui en subit l'effet.

Signes d'altération.

Dièse.

Bémol.

Double dièse et double bémol.

Bécarre.

Notes naturelles et notes altérées.

TREIZIÈME LEÇON.

EMPLOI DES SIGNES D'ALTÉRATION. — DEMI-TON DIATONIQUE ET DEMI-TON CHROMATIQUE. — GAMME OU ÉCHELLE CHROMATIQUE.

D. *Comment place-t-on les signes d'altération !*

R. Les signes d'altération se placent devant la note sur laquelle ils doivent agir.

Position des signes d'altération. Étendue de leur effet.

EXEMPLE :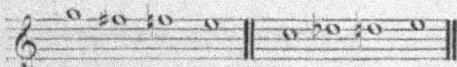

D. *Les signes d'altération n'agissent-ils que sur la note devant laquelle ils sont placés ?*

R. Les signes d'altération exercent leur action non-seulement sur la note devant laquelle ils sont posés, mais encore sur toutes les autres notes de même nom que celle-ci, jusqu'à la fin de la mesure.

EXEMPLE :

Fa #

D. *Ne place-t-on les signes d'altération que devant les notes ?*

R. On place encore les signes d'altération immédiatement après la clef, et alors leur effet est permanent.

EXEMPLES :

Signes
accidentels.

D. *Qu'est-ce que les signes d'altération accidentels ?*

R. On nomme *accidentels* les signes d'altération qui ne sont pas à la clef, mais qu'on rencontre passagèrement devant une note.

D. *N'y a-t-il pas deux manières de partager un ton en deux demi-tons ?*

R. Oui, on peut le partager, soit au moyen du dièse, soit au moyen du bémol.

EXEMPLE :

1 ton.   1 ton.

1/2 ton. 1/2 ton.   1/2 ton. 1/2 ton.

Deux sortes
de demi-tons.

D. *Ne distingue-t-on pas deux sortes de demi-tons ?*

R. Oui, il y a le demi-ton diatonique et le demi-ton chromatique.

Demi-ton
diatonique.

D. *Qu'est-ce que le demi-ton diatonique ?*

R. C'est celui qui existe entre deux notes de noms différents : ut ré b ; ut # ré (voy. l'exemple ci-dessus).

Demi-ton
chromatique.

D. *Qu'est-ce que le demi-ton chromatique ?*

R. C'est celui qui existe entre deux notes de même nom : ut ut # ; ré b ré ♮ (voy. l'exemple ci-dessus).

D. *De quelle nature sont les demi-tons MI FA et SI UT ?*

R. Les demi-tons *mi fa* et *si ut*, étant formés avec des notes de noms différents, sont des demi-tons diatoniques.

Gamme ou
échelle
chromatique.

D. *Puisque l'on peut partager tous les tons de la gamme en deux demi-tons, comment nommerait-on une gamme entièrement formée de demi-tons ?*

R. Une semblable série de sons se nomme *gamme* ou *échelle chromatique*.

EXEMPLE :

Gamme chromatique montante.   Gamme chromatique descendante.

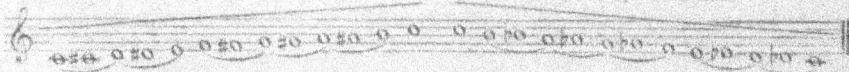

NOTA. — On voit que la gamme chromatique peut être écrite avec des dièses ou avec des bémols.

QUATORZIÈME LEÇON.

DES INTERVALLES.

D. *Qu'est-ce qu'un intervalle?*

R. On appelle *intervalle* la distance d'un son à un autre.

D. *Quels noms donne-t-on aux intervalles?*

R. Les intervalles se nomment : *seconde, tierce, quarte, quinte, sixte, septième et octave.*

D. *Qu'est-ce qu'une seconde?*

R. C'est un intervalle de deux degrés :

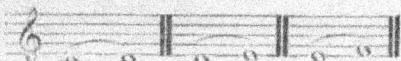

D. *Qu'est-ce qu'une tierce?*

R. C'est un intervalle de trois degrés :

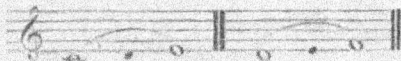

D. *Qu'est-ce qu'une quarte?*

R. C'est un intervalle de quatre degrés :

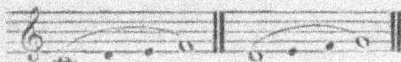

D. *Qu'est-ce qu'une quinte?*

R. C'est un intervalle de cinq degrés :

D. *Qu'est-ce qu'une sixte?*

R. C'est un intervalle de six degrés :

D. *Qu'est-ce qu'une septième?*

R. C'est un intervalle de sept degrés :

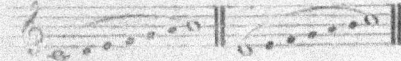

D. *Qu'est-ce qu'une octave?*

R. C'est un intervalle de huit degrés :

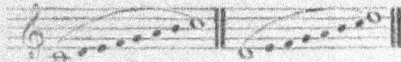

D. *Quels sont les noms des intervalles qui dépassent l'octave?*

R. En poursuivant au delà de l'octave, on aurait la *neuvième*, la *dixième*, la *onzième*, la *douzième*, etc.

D. *Qu'est-ce que les intervalles simples?*

R. On nomme *intervalles simples* ceux qui ne dépassent pas l'octave.

Intervalles composés.

D. *Qu'est-ce que les intervalles composés?*

R. On appelle *intervalles composés* ceux qui dépassent l'octave, parce qu'ils ne sont que la réplique des intervalles simples.

Ainsi la *neuvième* est la répétition de la seconde à une octave plus haut; la *dixième*, la répétition de la tierce; la *onzième*, celle de la quarte, etc.

EXEMPLES :

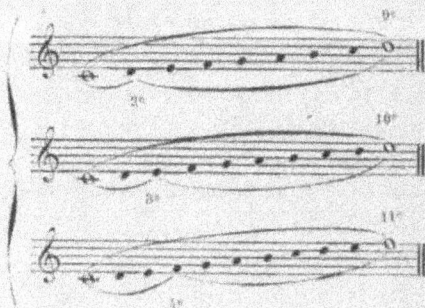

QUINZIÈME LEÇON.

DES GAMMES OU TONS (1).

Transpositions de la gamme.

D. *Pourrait-on faire la gamme en prenant pour premier degré une autre note que l'ut?*

R. Oui, on peut faire la gamme en prenant pour premier degré une note quelconque.

(On jouera à l'élève la gamme dans plusieurs tons, en lui faisant remarquer que c'est toujours le même chant.)

Comment on les désigne.

D. *Comment désigne-t-on les gammes établies sur les différentes notes?*

R. Une gamme est désignée par le nom de la note qui en forme le premier degré. Ainsi la gamme que nous avons vue se nomme *gamme d'ut*, parce que son premier degré est *ut*. Il peut y avoir encore la *gamme de ré*, la *gamme de mi*, la *gamme de fa*, etc.

Tonique.

D. *Quel nom donne-t-on au premier degré d'une gamme?*

R. Le premier degré d'une gamme s'appelle *tonique*.

Comment on obtient les différents tons.

D. *A quelle condition peut-on faire une gamme semblable à la gamme d'ut, en prenant pour tonique une autre note que l'ut?*

R. A la condition de conserver aux tons et aux demi-tons la position qu'ils doivent avoir. (Les demi-tons placés du 3e au 4e degré et du 7e au 8e.)

(1) Ce mot *ton* a plusieurs significations en musique. Il faut entendre ici par *ton* l'ensemble des notes d'une gamme diatonique.

D. *Comment obtient-on ce résultat ?*

R. On obtient ce résultat en altérant certaines notes.

EXEMPLES :

	1	2	3	4	5	6	7	8

Gamme d'*ut* (modèle).   Ut, ré, mi, fa, sol, la, si, ut.
                                1/2 ton.   1/2 ton.

Gamme de *sol*. . . . .   Sol, la, si, ut, ré, mi, fa ♯ sol.
                              1/2 ton.   1/2 ton.

Gamme de *fa*. . . . .   Fa sol, la, si♭, ut, ré, mi, fa.
                              1/2 ton.   1/2 ton.

SEIZIÈME LEÇON.

DES ALTÉRATIONS NÉCESSAIRES A LA FORMATION DES DIFFÉRENTES GAMMES.
(DIÈSES.)

D. *Quelle est l'altération nécessaire à la formation de la gamme de* SOL ?   *Tons avec dièses.*

R. En prenant *sol* pour tonique, il faudra faire *fa* dièse. (Les autres notes seront naturelles.)

D. *Quelles sont les altérations nécessaires à la formation de la gamme de* RÉ ?

R. En prenant *ré* pour tonique, il faudra faire *fa* et *ut* dièses. (Les autres notes naturelles.)

D. *Quelles sont les altérations nécessaires à la formation de la gamme de* LA ?

R. En prenant *la* pour tonique, il faudra faire *fa*, *ut* et *sol* dièses. (Les autres notes naturelles.)

D. *Quelles sont les altérations nécessaires à la formation de la gamme de* MI ?

R. En prenant *mi* pour tonique, il faudra faire *fa*, *ut*, *sol* et *ré* dièses. (Les autres notes naturelles.)

D. *Quelles sont les altérations nécessaires à la formation de la gamme de* SI ?
R. En prenant *si* pour tonique, il faudra faire *fa*, *ut*, *sol*, *ré* et *la* dièses. (Les autres notes naturelles.)

D. *Quelles sont les altérations nécessaires à la formation de la gamme de* FA ♯ ?
R. En prenant *fa* ♯ pour tonique, il faudra faire *fa*, *ut*, *sol*, *ré*, *la* et *mi* dièses. (Il n'y aura d'autre note naturelle que le *si*.)

D. *Quelles sont les altérations nécessaires à la formation de la gamme d'*UT ♯ ?
R. En prenant *ut* ♯ pour tonique, il faudra faire *fa*, *ut*, *sol*, *ré*, *la*, *mi* et *si* dièses. (C'est-à-dire toutes les sept notes dièses.)

DIX-SEPTIÈME LEÇON.

DES ALTÉRATIONS NÉCESSAIRES A LA FORMATION DES DIFFÉRENTES GAMMES.

BÉMOLS.

Tous avec bémols.

D. *Quelle est l'altération nécessaire à la formation de la gamme de* FA ?

R. En prenant *fa* pour tonique, il faudra faire le *si* bémol. (Les autres notes seront naturelles.)

D. *Quelles sont les altérations nécessaires à la formation de la gamme de* SI ♭?

R. En prenant *si* ♭ pour tonique, il faudra faire *si* et *mi* bémols. (Les autres notes naturelles.)

D. *Quelles sont les altérations nécessaires à la formation de la gamme de* MI ♭?

R. En prenant *mi* ♭ pour tonique, il faudra faire *si*, *mi* et *la* bémols. (Les autres notes naturelles.)

D. *Quelles sont les altérations nécessaires à la formation de la gamme de* LA ♭?

R. En prenant *la* ♭ pour tonique, il faudra faire *si*, *mi*, *la* et *ré* bémols. (Les autres notes naturelles.)

D. *Quelles sont les altérations nécessaires à la formation de la gamme de* RÉ ♭?
R. En prenant *ré* ♭ pour tonique, il faudra faire *si*, *mi*, *la*, *ré* et *sol* bémols. (Les autres notes naturelles.)
D. *Quelles sont les altérations nécessaires à la formation de la gamme de* SOL ♭?
R. En prenant *sol* ♭ pour tonique, il faudra faire *si*, *mi*, *la*, *ré*, *sol* et *ut* bémols. (Il n'y aura d'autre note naturelle que le *fa*.)
D. *Quelles sont les altérations nécessaires à la formation de la gamme d'*UT ♭?
R. En prenant *ut* ♭ pour tonique, il faudra faire *si*, *mi*, *la*, *ré*, *sol*, *ut* et *fa* bémols. (C'est-à-dire toutes les sept notes bémols.)

DIX-HUITIÈME LEÇON.

ORDRE DES DIÈSES ET DES BÉMOLS.

Progression des dièses.

D. *Dans quel ordre les dièses se produisent-ils?*
R. On a pu remarquer, dans la seizième leçon, que le premier dièse était sur *fa*, et que les dièses suivants se produisaient de *quinte en quinte* en montant. (C'est-à-dire comptées en montant.)

EXEMPLE :

FA, sol, la, si, UT, ré, mi, fa, SOL, la, si, ut, RÉ, etc.

D. *Nommez la série des dièses.*

R. Fa ♯, ut ♯, sol ♯, ré ♯, la ♯, ou ♯, si ♯.

D. *Dans quel ordre les bémols se produisent-ils ?*

R. On a dû remarquer, dans la dix-septième leçon, que le premier bémol était sur *si*, et que les bémols suivants se produisaient *de quinte en quinte* en descendant (C'est-à-dire comptées en descendant.)

Progression
des bémols.

EXEMPLE :

SI, la, sol, fa, MI, ré, ut, si, LA, sol, fa, mi, RÉ, etc.

D. *Nommez la série des bémols.*

R. Si ♭, mi ♭, la ♭, ré ♭, sol ♭, ut ♭, fa ♭.

COMMENT ON RECONNAÎT LE TON PAR LES DIÈSES OU LES BÉMOLS
DE LA CLEF.

D. *Dans les tons avec des dièses, à quelle distance la tonique est-elle du dernier des dièses posés à la clef?*

R. Dans les tons avec des dièses, la tonique est *un degré* au-dessus du dernier des dièses posés à la clef.

Position de la
tonique par
rapport au
dernier dièse.

EXEMPLES :

Dièse unique *fa* ♯ :	tonique *sol.*
Dernier dièse ut ♯ :	tonique re.
Dernier dièse sol ♯ :	tonique *la.*
Etc.	

D. *Dans les tons avec des bémols, à quelle distance la tonique est-elle du dernier des bémols posés à la clef?*

R. Dans les tons avec des bémols, la tonique est le *quatrième degré* au-dessous du dernier des bémols posés à la clef.

Position
de la tonique
par rapport
au dernier
bémol.

EXEMPLES :

Bémol unique *si* ♭ :	tonique *fa.*
Dernier bémol mi ♭ :	tonique si ♭.
Dernier bémol la ♭ :	tonique mi ♭.
Etc.	

DIX - NEUVIÈME LEÇON.

DES MODES.

D. *Combien y a-t-il de sortes de gammes diatoniques?*

R. Il y a deux sortes de gammes diatoniques : l'une de *mode majeur*, et l'autre de *mode mineur.*

Deux modes.

D. *Qu'est-ce qui constitue le mode d'une gamme?*

R. Ce qui constitue le *mode*, c'est la place qu'occupent les demi-tons dans la gamme.

Constitution
du mode.

Gamme de mode majeur.

D. *Où sont placés les demi-tons dans la gamme majeure?*

R. Dans la gamme majeure, les demi-tons sont placés du troisième au quatrième degré, et du septième au huitième.

Gamme de mode mineur.

D. *Combien la gamme mineure contient-elle de demi-tons?*

R. La gamme mineure se fait de deux manières : avec deux et avec trois demi-tons.

Gamme mineure avec trois demi-tons.

D. *Quand on fait trois demi-tons dans la gamme mineure, où ces demi-tons sont-ils placés?*

R. Le premier demi-ton est toujours entre le deuxième et le troisième degré. Le deuxième et le troisième demi-ton sont placés du cinquième au sixième degré et du septième au huitième.

GAMME MINEURE AVEC TROIS DEMI-TONS.

EXEMPLE :

Gamme mineure avec deux demi-tons.

D. *Quand on ne fait que deux demi-tons dans la gamme mineure, où ces demi-tons sont-ils placés?*

R. La gamme mineure avec deux demi-tons ne se fait pas en descendant comme en montant. Le premier demi-ton est invariablement placé entre le deuxième et le troisième degré ; mais le deuxième demi-ton se trouve, en montant, du septième au huitième degré, et, en descendant, du sixième au cinquième.

GAMME MINEURE AVEC DEUX DEMI-TONS.

EXEMPLE :

VINGTIÈME LEÇON.

DE LA NOTE SENSIBLE DANS LA GAMME MINEURE. — GAMMES MODÈLES DANS LES DEUX MODES.

D. *Ne rencontre-t-on pas une altération accidentelle dans la gamme mineure ?*
R. On rencontre dans la gamme mineure une altération accidentelle au septième degré.

D. *Quel est l'objet de cette altération du septième degré ?*
R. Cette altération a pour objet de placer le septième degré à un demi-ton de la tonique.

D. *Comment nomme-t-on le septième degré placé à un demi-ton de la tonique ?*   Note sensible.
R. Le septième degré placé à un demi-ton de la tonique s'appelle *note sensible*.

D. *Pourquoi ne place-t-on pas à la clef l'altération qui produit la note sensible dans la gamme mineure ?*
R. Parce que l'altération qui produit la note sensible dans la gamme mineure, ne se faisant pas toujours dans la gamme descendante, est purement accidentelle.

D. *La gamme mineure présente-t-elle d'autre altération que celle du septième degré ?*
R. Dans la gamme mineure montante, avec deux demi-tons, on rencontre, en outre, une altération au sixième degré.
Ces deux altérations disparaissent dans la gamme descendante.

D. *Quelles sont les gammes qui servent de modèles, dans les modes*   Gammes modèles.
majeur et mineur, pour former les autres gammes ?

R. La *gamme mineure de* LA est le modèle des gammes mineures, comme la *gamme majeure d'*UT est le modèle des gammes majeures.

VINGT ET UNIÈME LEÇON.

DES GAMMES OU TONS RELATIFS.

D. *Qu'est-ce que les tons relatifs ?*

R. On appelle *relatifs* deux tons, l'un majeur et l'autre mineur, qui   Tons relatifs.
prennent les mêmes signes à la clef.

D. *Chaque ton majeur a-t-il un ton mineur relatif ?*

R. Oui, chaque ton majeur a un ton mineur relatif (et réciproquement).

D. *Comment savoir quel est le ton mineur relatif d'un ton majeur donné ? — ou vice versâ ?*

R. La tonique de la gamme mineure est toujours une tierce au-dessous de la tonique de la gamme majeure relative.

D. *Quel est le relatif mineur du ton d'*UT *majeur?*

R. *La* mineur.

D. *De* SOL *majeur ?* . . . . . (Un dièse.)

R. *Mi* mineur.

D. *De* RÉ *majeur?*. . . . . . (Deux dièses.)

R. *Si* mineur.

D. *De* LA *majeur?*. . . . . . (Trois dièses.)

R. *Fa* # mineur.

D. *De* MI *majeur*. . . . . . (Quatre dièses.)

R. *Ut* # mineur.

D. *De* SI *majeur?*. . . . . (Cinq dièses.)
R. *Sol* # mineur.
D. *De* FA # *majeur?* . . . . (Six dièses.)
R. *Ré* # mineur.
D. *D'*UT # *majeur?*. . . . . (Sept dièses.)
R. *La* # mineur.

D. *Du ton de* FA *majeur?*. . . (Un bémol.)

R. *Ré* mineur.

D. *De* SI b *majeur?* . . . . . (Deux bémols.)

R. *Sol* mineur.

D. *De* MI b *majeur?* . . . . . (Trois bémols.)

R. *Ut* mineur.

D. *De* LA b *majeur?*. . . . . (Quatre bémols.)

R. *Fa* mineur.

D. *De* RÉ b *majeur?*. . . . . (Cinq bémols.)
R. *Si* b mineur.
D. *De* SOL b *majeur?* . . . . (Six bémols.)
R. *Mi* b mineur.
D. *D'*UT b *majeur?*. . . . . (Sept bémols.)
R. *La* b mineur.

D. *Par quel moyen peut-on distinguer le ton majeur de son relatif mineur, puisque ces deux tons prennent les mêmes signes à la clef?*

R. Les tons relatifs se distinguent l'un de l'autre au moyen de la note sensible du ton mineur. Quand on la rencontre, on est en mineur. Quand on ne la rencontre pas, on est en majeur (1).

(1) Cette indication n'est pas toujours certaine (voyez *Étude développée*, § 171).

ÉTUDE DÉVELOPPÉE.

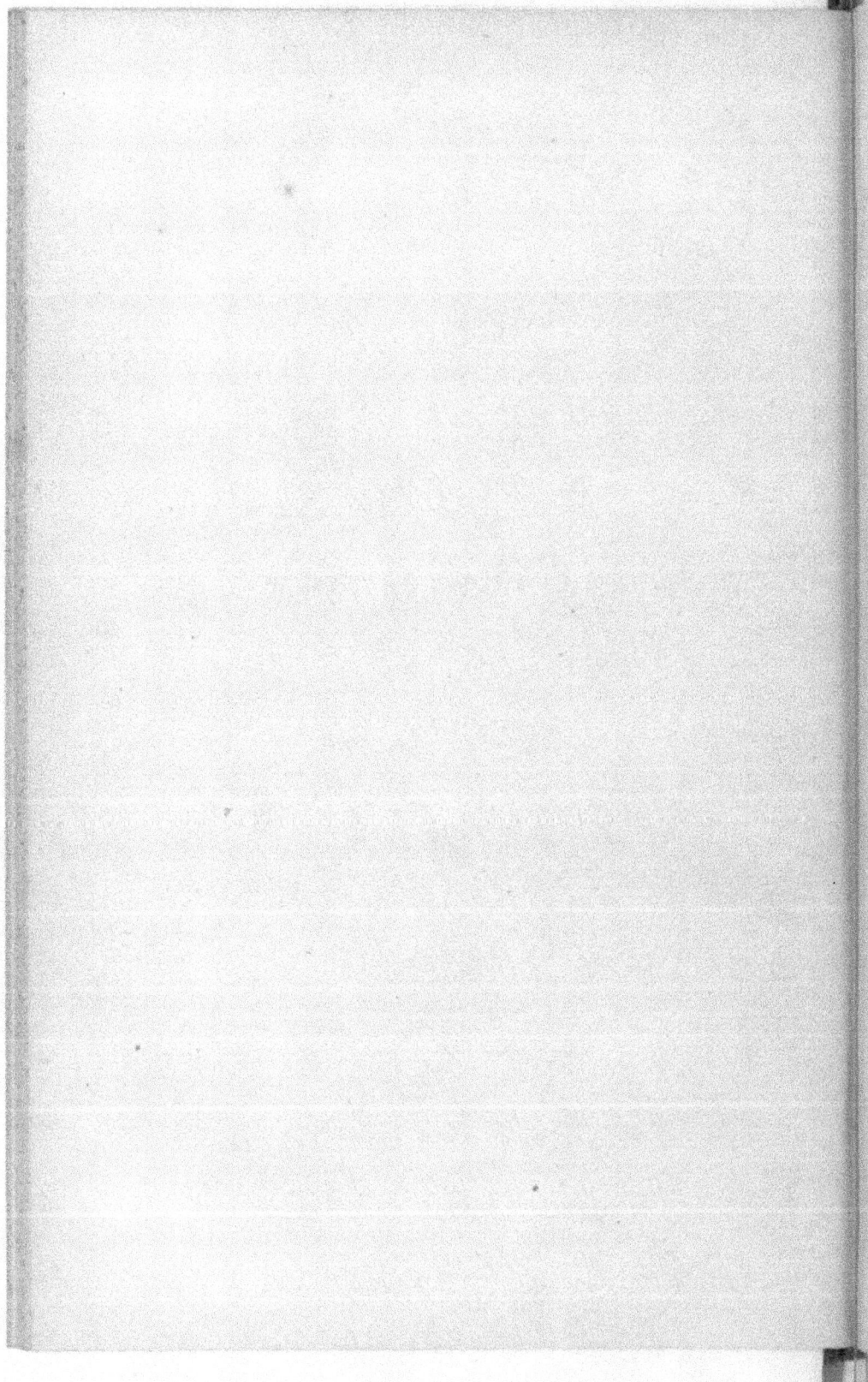

ÉTUDE DÉVELOPPÉE.

INTRODUCTION.

A. Charmer l'oreille, émouvoir le cœur, intéresser l'esprit, quelquefois même exalter l'âme, tel est l'objet de la musique. Le principe de son action est en nous, elle a pour moyen extérieur la combinaison des sons. *De la musique; ses effets, ses moyens.*

B. Les sons peuvent être combinés *successivement* ou *simultanément*.

C. Différents sons produits un à un et successivement, dans des conditions de convenance pour l'oreille, forment la *mélodie*. *Mélodie.*

D. L'art de faire entendre plusieurs sons à la fois constitue l'*harmonie*. *Harmonie.*

E. Le son est l'impression produite sur l'organe de l'ouïe, et résultant des vibrations d'un corps sonore. — Note *a* (1). *Du son.*

F. Un son peut différer d'un autre son par le *timbre*, par l'*intensité* et par l'*intonation*.

G. Le *timbre* est la qualité propre du son. Par exemple : le son d'une voix, le son d'une trompette, le son d'un violon, ne *Timbre.*

---

(1) Les renvois par lettres se rapportent à des notes placées à la fin du volume.

3

peuvent être confondus, tant le caractère particulier à chacun, le *timbre*, est différent.

Intensité. H. L'*intensité* est la force plus ou moins grande du son.

Intonation. I. L'*intonation* est la production (effective ou imaginaire) des sons *au degré de hauteur* qui convient à chacun d'eux. Or, pour ce qui concerne les principes que nous nous proposons d'étudier, c'est surtout à ce dernier point de vue que les rapports des sons entre eux doivent être considérés.

Sons graves et sons aigus. J. En comparant les sons, on les trouvera bas ou élevés les uns par rapport aux autres. On appelle *grave* un son qui, par comparaison avec un autre son, est plus bas; on appelle *aigu* un son qui présente le rapport inverse. Une voix d'homme est *grave* par rapport à une voix de femme, et une voix de femme est *aiguë* relativement à une voix d'homme.

Sons musicaux. K. Lorsqu'on dépasse une certaine limite, soit au *grave*, soit à l'*aigu*, la hauteur du son cesse d'être appréciable. Or, on n'emploie en musique que les sons dont l'oreille peut apprécier clairement le degré de gravité ou d'acuité (1); on les appelle *sons musicaux*.

Durée des sons. L. Il entre encore dans la combinaison musicale des sons un autre élément essentiel : la *durée*.

Rhythme. M. La durée proportionnelle du temps qui s'écoule entre l'articulation des sons s'appelle *rhythme*.

Division de ces études. N. L'*intonation* et le *rhythme*, tels sont les deux principaux éléments de la musique, telle est la division naturelle de ces études.

(1) Nous ne parlons pas des sons produits par certains instruments à percussion, tels que le tambour, le triangle; de tels sons, dans un ensemble musical, concourent seulement à l'effet du rhythme.

EXERCICE.

Quel est l'objet de la musique? Par quel moyen agit-elle sur nous? — A (1).
Qu'est-ce que la mélodie? — C.
Qu'est-ce que l'harmonie? — D.
Qu'est-ce que le son? — E.
Comment distingue-t-on un son d'un autre son? — F.
Qu'est-ce que le timbre? — G.
Qu'est-ce que l'intensité? — H.
Qu'est-ce que l'intonation? — I.
Qu'appelle-t-on son grave et son aigu? — J.
Qu'est-ce que les sons musicaux? — K.
Qu'est-ce que le rhythme? — M.

---

(1) La réponse se trouve formulée dans celui des paragraphes ci-devant qui porte la même lettre que la question.

PREMIÈRE PARTIE.

DE CE QUI A RAPPORT A L'INTONATION.

I.

ÉTUDE DE L'ÉCHELLE MUSICALE.

1. Entre les limites au delà desquelles les sons, tant au grave qu'à l'aigu, cessent d'être appréciables, nous pouvons discerner un nombre infini de sons, suivant une gradation insensible.

Or, parmi tous ces sons offerts par la nature, l'art en choisit un certain nombre, symétriquement espacés dans un ordre progressif. Ce système constitue ce que l'on appelle l'*échelle musicale*.

Échelle musicale.

2. Quoique le nombre des sons dont se compose l'échelle musicale, dans toute son étendue, soit très-considérable, nous avons vu (*Premières notions*) qu'on n'employait, pour les désigner tous, que les sept noms, UT ou DO (1), RÉ, MI, FA, SOL, LA, SI. — Note *b*.

Noms des sons.

3. Ces noms s'appliquent, ainsi que nous l'avons dit (*Premières notions*), à certains sons s'élevant graduellement, et dont la succession non interrompue correspond à une portion de l'échelle générale. Lorsqu'on a épuisé la série des sons qui portent ces noms, on trouve une nouvelle série de sons, pareillement disposés, auxquels on applique les mêmes noms, dans le même ordre,

---

(1) Au XVII° siècle un Italien, nommé Doni, substitua à *ut* la syllabe *do*, comme étant plus favorable à l'articulation du son et à l'émission de la voix dans la *solmisation* (l'action de *solfier* c'est-à-dire, chanter en nommant les notes).

Cette réforme, dont l'usage s'est depuis lors répandu de l'Italie en France, peut être avantageuse au point de vue de la solmisation ; mais, dans le langage, nous préférons et maintiendrons l'ancienne dénomination.

cause de l'analogie qui existe entre ces derniers et ceux qui leur correspondent dans la série précédente.

EXEMPLE :

ti
la
sol
la
ré mi 2ᵉ série.
ut

SI
1ʳᵉ série. LA
SOL
FA
MI
RÉ
UT

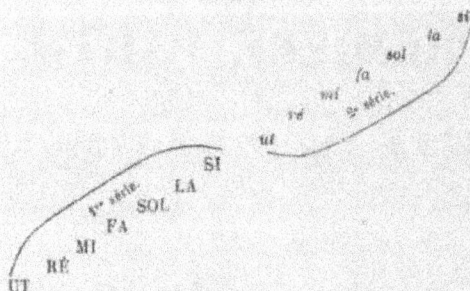

Quand cette seconde série est épuisée, on en recommence une troisième,
puis une quatrième, et ainsi de suite, tant que l'intonation est appréciable.

De cette manière, il y a plusieurs sons qui se nomment *ut*; plusieurs, *ré*;
plusieurs, *mi*, etc.

Gamme.   **4.** L'ensemble de tous ces sons montant graduellement, ou suivant une
progression inverse, prend le nom de *gamme*. — Note c.

EXEMPLE :

etc.
ut ut
SI SI
LA LA
SOL SOL
FA FA
MI MI
RÉ Gamme ascendante. Gamme descendante. RÉ
UT UT

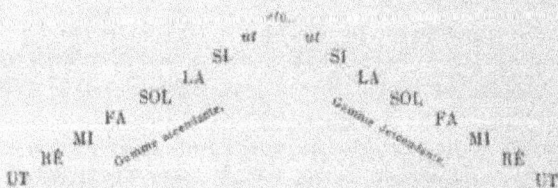

La gamme ne se compose donc, en réalité, que de sept sons, au delà desquels elle renaît dans un autre *diapason* (1); en sorte que le huitième son
d'une série devient le premier de la série suivante. Dès lors, sept noms
suffisaient.

_____

(1) Ce mot signifie la série particulière des sons qui constitue l'étendue d'une voix ou d'un
instrument.

Diapason est, en outre, le nom qu'on donne à un petit instrument produisant un *son fixe et
déterminé* d'après lequel les exécutants se mettent d'accord.

5. Chacun des sons de la gamme forme comme un des échelons de cette échelle, et, en conséquence, est appelé *degré*.

Degrés.

EXEMPLE

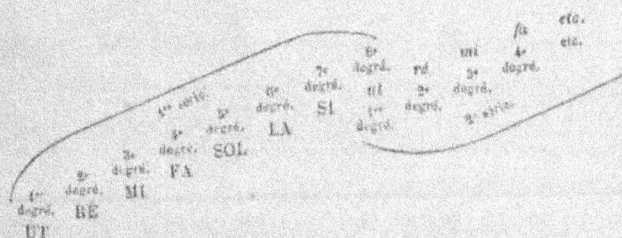

6. Les degrés sont *conjoints*, quand les sons se succèdent, ainsi que cela a lieu dans l'exemple ci-dessus, en passant d'un degré quelconque au degré immédiatement supérieur ou inférieur, comme *ut*, *ré*, ou *ré*, *mi*, ou *mi*, *fa*, etc., suivant l'ordre ascendant; ou bien *ut*, *si*, ou *si*, *la*, ou *la*, *sol*, etc., suivant l'ordre descendant.

Degrés conjoints.

7. Les degrés sont *disjoints*, quand ils se succèdent d'une autre manière, c'est-à-dire, de telle sorte que l'on saute d'un degré à un autre non contigu, sans passer par les intermédiaires, comme serait, par exemple, la succession des degrés *ut*, *mi*, ou *ré*, *sol*, etc.

Degrés disjoints.

8. La distance qui sépare un degré d'un autre degré quelconque se nomme *intervalle*.

Des intervalles en général.

9. Chaque intervalle reçoit un nom exprimant le nombre de degrés conjoints qui s'y trouvent contenus.

Ces noms sont : *seconde*, *tierce*, *quarte*, *quinte*, *sixte*, *septième* et *octave* ( ), selon que l'intervalle renferme deux, trois, quatre, cinq, six, sept ou huit degrés conjoints.

10. Les sons correspondants et portant le même nom, dans deux séries consécutives, sont toujours à distance d'*octave*.

11. On appelle *unisson* (2), deux sons dont l'intonation est la même, deux sons formant un même degré.

Unisson.

12. L'unisson est l'intervalle nul, ou, pour parler plus exactement, l'absence d'intervalle.

(1) Du latin *octavus*, huitième.
(2) Du latin *unus*, un, et *sonus*, son.

RÉSUMÉ.

A. L'ensemble de tous les sons du système musical symétriquement espacés, dans un ordre progressif, constitue *l'échelle musicale*.

B. On emploie, pour désigner les différents sons de l'échelle musicale, les sept syllabes *ut* (on *do*), *ré, mi, fa, sol, la, si*.

C. Ces sept noms suffisent pour désigner tous les sons de l'échelle, parce que les mêmes noms s'appliquent à tous les sons d'une intonation analogue.

D. On nomme *gamme* une telle série de sons (*ut, ré, mi, fa, sol, la, si, ut*) se succédant sans interruption, soit en montant, dans l'ordre ci-dessus, soit dans l'ordre inverse, en descendant.

E. Les sons dont la gamme est formée sont appelés *degrés*.

F. Les *degrés* sont *conjoints*, quand ils se succèdent selon l'ordre qu'ils ont dans la gamme.

G. Ils sont *disjoints*, quand, pour aller de l'un à l'autre, on franchit plusieurs degrés.

H. La distance qui sépare un degré d'un autre degré quelconque se nomme *intervalle*.

I. Chaque intervalle est désigné par un nom particulier indiquant son étendue.

J. Ces noms sont : *seconde, tierce, quarte, quinte, sixte, septième, octave*; ils se rapportent au nombre de degrés que renferme l'intervalle.

K. Deux sons dont l'intonation est la même forment un *unisson*.

L. L'unisson est l'absence d'intervalle.

EXERCICE.

RÉPONDRE AUX QUESTIONS SUIVANTES :

Qu'est-ce que l'échelle musicale? — A.
Quels noms donne-t-on aux sons de l'échelle musicale? — B

Comment sept noms peuvent-ils suffire pour désigner tous les sons de l'échelle musicale? — C.

Qu'est-ce qu'une gamme? — D.

Qu'est-ce que les degrés de la gamme? — E.

Quand les degrés sont-ils conjoints? — F.

Quand sont-ils disjoints? — G.

Comment nomme-t-on la distance qui sépare un degré d'un autre degré? — H.

Chaque intervalle n'est-il pas désigné par un nom particulier? — I.

Quels sont les noms donnés aux intervalles? Que signifient ces noms? — J.

Qu'est-ce que l'unisson? — K.

L'unisson constitue-t-il un intervalle? — L.

NOTATION.

SIGNES D'INTONATION.

13. Nous savons que le procédé en usage pour écrire les sons musicaux consiste à placer des caractères appelés *notes* et représentant les sons, sur une *portée* de cinq lignes dont on peut, à volonté, accroître l'étendue, tant dans le bas que dans le haut, par l'addition de fractions de lignes appelées *lignes supplémentaires* ou *additionnelles* (1). (*Premières notions.*)

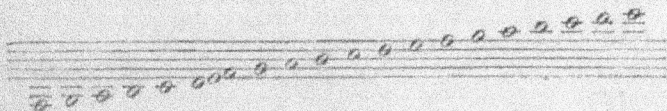

14. Nous voyons bien que les notes s'échelonnent sur la portée, conformément à l'élévation des sons qu'elles représentent : en sorte que plus une note est élevée sur la portée, plus est aigu le son qu'elle figure; plus elle est basse, plus est grave le son. Mais cette donnée générale est insuffisante : il faut un moyen de connaître la position particulière de chaque note, c'est-à-

---

(1) On a pu remarquer qu'il y a, entre chaque note, solution de continuité des lignes supplémentaires. Par cet ingénieux procédé, celles-ci se trouvent détachées des lignes de la portée et n'occasionnent pas la difficulté de lecture qui résulterait nécessairement de la confusion des lignes supplémentaires avec celles de la portée.

dire laquelle de toutes les notes de l'exemple ci-dessus est l'*ut*, laquelle est le *ré*, laquelle est le *mi*, etc.

Ce n'est pas tout. Un même nom de note servant à désigner tous les sons en rapport d'octave, il ne suffit pas de savoir que la note placée sur telle ligne porte tel nom, il faut encore connaître à quelle octave elle appartient. Ainsi, en supposant que la note posée sur telle ligne fût donnée pour un *ut*, il resterait encore à savoir quel rang occupe cet *ut*, parmi tous les *ut* de l'échelle générale des sons.

Clefs.

15. Or les *clefs* ont ce double effet :

1° Elles assignent aux notes écrites sur la portée le nom qui convient à chacune d'elles.

2° Elles font connaître la hauteur des sons représentés par ces notes.

16. Une *clef* est un signe qui indique un son déterminé de l'échelle générale.

La clef se pose au commencement de la portée, sur l'une des cinq lignes. La note placée sur la même ligne que la clef représente le son indiqué par la clef.

Le nom et la position de cette note étant ainsi fixés, le nom et la position de toutes les autres le seront en vertu de l'ordre naturel de leur succession. (*Premières notions.*)

Différentes sortes de clefs.

17. Il y a trois figures de clefs, c'est-à-dire trois signes, dont l'un indique la note *fa*, un autre la note *ut*, et un troisième la note *sol*. C'est pourquoi on les appelle *clef de fa*, *clef d'ut* et *clef de sol*.

18. La *clef de fa* est faite ainsi 𝄢. Elle signifie que la note posée sur la même ligne qu'elle (la ligne qui passe entre les deux points de la clef) est un tel *fa* déterminé (1). (Le troisième *fa* du piano en commençant par le bas.)

La *clef d'ut* est figurée ainsi 𝄡. Elle signifie que la note placée sur la même ligne qu'elle (la ligne qui passe entre les deux crochets de la clef) est un tel *ut*. (L'*ut* qui forme le cinquième degré au-dessus du *fa* désigné par la clef de *fa*.)

La *clef de sol* a cette forme 𝄞 Cette clef indique que la note placée sur la même ligne qu'elle (la ligne qui coupe par la moitié le ventre de la clef) est un certain *sol* (celui qui forme le cinquième degré au-dessus de l'*ut* désigné par la clef d'*ut*). — Note *d*.

19. Les clefs donnent donc, non-seulement le nom de la note, mais encore la hauteur du son que la note représente.

Position des clefs.

20. Chacune de ces clefs peut être placée sur différentes lignes, ce qui multiplie les changements de position des notes sur la portée.

(1) Le onzième degré au-dessus de l'*ut* produit par un tuyau d'orgue de huit pieds ; autrement dit le dixième degré au-dessous du *fa* donné par le diapason (le *LA* à vide du violon).

La clef de *fa* se place sur la quatrième ligne et sur la troisième.

La clef d'*ut* se place sur chacune des quatre premières lignes.

La clef de *sol* se place sur la deuxième ligne et sur la première.

Ce qui donne en tout huit positions : deux pour la clef de *fa*, quatre pour la clef d'*ut*, et deux pour la clef de *sol*.

21. Ces huit positions sont actuellement réduites à sept par suite de l'abandon de la clef de *sol* sur la première ligne (1).

22. Chacune de ces positions produit en réalité l'effet d'une clef différente, d'où il résulte qu'en se servant tour à tour de chacune d'elles, on peut donner le même nom à des notes occupant sur la portée sept positions différentes et conjointes.

EXEMPLE :

Ou bien, au contraire, une même position à chacune des notes.

EXEMPLE :

(1) On ne fait plus usage de la clef de *sol* sur la première ligne, parce que, dans cette position, cette clef place les notes sur la portée comme le fait de son côté la clef de *fa* 4e ligne, avec cette différence toutefois, que le diapason de la clef de *sol* est de deux octaves plus haut que celui de la clef de *fa*. Malgré cette distinction, on a cru voir là un double emploi, et la clef de *sol* 1re ligne a été abandonnée.

(2) Nous devons faire remarquer que ces notes, quoique portant le même nom, n'expriment pas toutes cependant un même son (l'unisson) ; mais que plusieurs de ces *ut* sont à des octaves différentes (voyez § 25).

Moyen
de trouver le
nom des
notes par tou-
tes les clefs.

23. Pour trouver le nom d'une note quelconque par telle clef que ce soit, il faut, prenant la note de la clef pour point de départ, nommer chacun des degrés conjoints qui pourraient être placés sur la portée, entre ce point de départ et la note dont on veut connaître le nom.

EXEMPLES :

Soit à trouver le nom des notes ci-après :

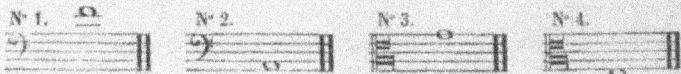

OPÉRATIONS :

24. Le résultat serait bien plus promptement obtenu, si l'on savait par avance le nom des lignes, tant au-dessus qu'au-dessous de la clef.

Le tableau suivant donne le nom de ces lignes, par chaque clef.

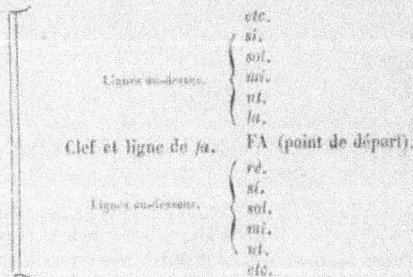

	etc.
	si.
	sol.
Lignes au-dessus.	mi.
	ut.
	la.
Clef et ligne de fa.	FA (point de départ).
	ré.
	si.
	sol.
Lignes au-dessous.	mi.
	ut.
	etc.

(*) Il est à remarquer que si une note est placée sur une ligne, son octave occupe toujours l'inter-ligne ; et vice versâ.

Lignes au-dessus.	*etc.* *fa.* *ré.* *si.* *sol.* *mi.*
Clef et ligne d'*ut*.	UT (point de départ).
Lignes au-dessous.	*la.* *fa.* *ré.* *si.* *sol.* *etc.*

Lignes au-dessus.	*etc.* *ut.* *la.* *fa.* *ré.* *si.*
Clef et ligne de *sol*.	SOL (point de départ).
Lignes au-dessous.	*mi.* *ut.* *la.* *fa.* *ré.* *etc.*

On a ainsi le nom de toutes les notes traversées par les lignes : il est dès lors facile de connaître celui des notes voisines occupant les interlignes.

EXEMPLES :

Soit à trouver par ce moyen les noms des notes ci-après :

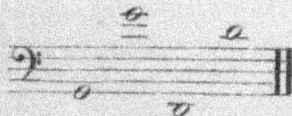

OPÉRATIONS :

(Procédé analogue à l'égard des autres clefs.)

Sachant par cœur le tableau précédent, on arrivera bientôt, avec un peu d'exercice, à lire facilement la musique par toutes les clefs.

EXERCICE SUR CHAQUE CLEF.

On apprendra par cœur le nom des lignes par chacune des clefs (voir les séries du tableau, p. 44 et 45); puis on nommera consécutivement, et le plus vite possible, toutes les notes ci-après, en supposant l'une ou l'autre des clefs.

On pourra se servir encore, pour le même travail, de toute espèce de musique, en supposant toujours la clef qu'on veut étudier.

Il faudra attendre qu'on soit parvenu à lire facilement et rapidement par une clef, avant d'étudier par une autre.

Notes à lire par chacune des clefs.

Diapason et rapport des clefs. 25. On doit se souvenir de ce que nous avons dit au § 18 sur le diapason des clefs.

Pour connaître promptement le diapason d'une clef, et pour se rendre compte du rapport des diverses clefs entre elles, il suffit d'ailleurs d'examiner l'exemple suivant, dans lequel le *même son* se trouve écrit sur chacune des clefs.

Cette note, dont le son est connu, et dont la position sur la portée varie selon la clef, servira de point de comparaison pour déterminer relativement la hauteur réelle des sons représentés par les autres notes.

S'agit-il, par exemple, de transcrire en clef d'*ut* 4ᵉ ligne le *mi* écrit sur la 1ʳᵉ ligne en clef de *sol*, nous remarquerons d'abord que ce *mi* est une tierce au-dessus de l'*ut*, présenté dans l'exemple ci-dessus comme point de comparaison.

EXEMPLE :

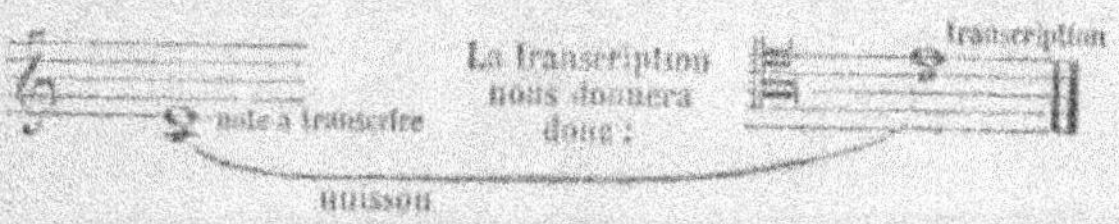

Ou bien avons-nous à transporter en clef de *sol* cette note 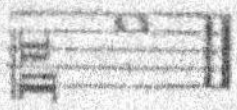 nous n'avons qu'à la comparer avec la note que nous connaissons.

EXEMPLE :

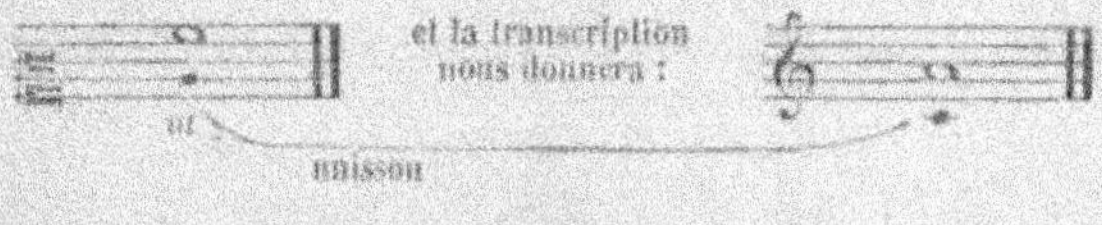

EXERCICES.

1° *Écrire sur chacune des clefs les sons suivants :*

2° *Transcrire les sons suivants, ainsi qu'il est indiqué pour chacun d'eux.*

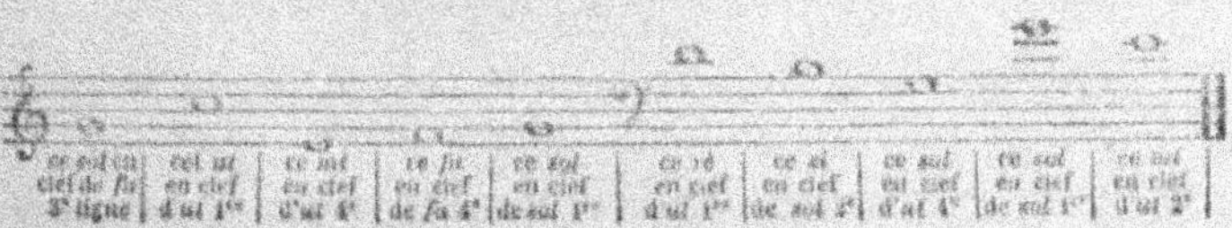

3° *Transcrire en clef de* FA 4e *ligne la série des notes suivantes :*

De même en clef de SOL 2e *ligne les notes ci-dessous.*

Destination
de
chaque clef.

26. Toutes ces clefs ont été imaginées afin de pouvoir écrire sur une portée de cinq lignes une grande partie des sons de l'échelle musicale.

27. Chacune des clefs sert à écrire la série des sons appartenant à une voix ou à un instrument, et est par conséquent le signe distinctif de cette voix ou de cet instrument.

Les deux clefs de *fa* sont affectées aux voix et aux instruments graves. La clef d'*ut* 1re ligne et la clef de *sol*, aux voix et aux instruments aigus. Enfin les clefs d'*ut* 4e, 3e et 2e ligne, aux voix et aux instruments du *médium*.

Nous pensons qu'on lira avec intérêt et avec fruit les explications plus étendues qui font l'objet de la note suivante. Elles feront connaître à fond le système des clefs, et aideront à comprendre tout ce qui s'y rattache.

Note sur le système des clefs.

Le chant étant naturel à l'homme, la musique vocale a précédé la musique instrumentale, qui est une conquête de l'art.

On a donc cherché d'abord le moyen d'écrire les sons que peut produire la voix humaine. Or, l'étendue générale de l'échelle vocale, à partir du son le plus grave des voix masculines, jusqu'au son le plus aigu des voix féminines, atteignant presque trois octaves et demie, il faudrait, pour écrire tous ces sons, une portée de onze à douze lignes.

EXEMPLE :

Au moyen d'une telle portée, on pourrait se passer de clef, puisqu'il serait convenu que la note écrite au-dessous de la première ligne correspondrait au son le plus grave des voix communes, c'est-à-dire au *fa* (voyez ci-après le tableau du système général des clefs). Mais on conçoit l'énorme difficulté, disons l'impossibilité qu'il y aurait à lire rapidement la musique sur une portée formée d'un aussi grand nombre de lignes. Voici donc l'ingénieux moyen auquel on a eu recours.

On observa que, si toutes les voix réunies, celles de l'homme et celles de la femme fournissent en effet, dans leur ensemble, cette étendue d'environ vingt-cinq degrés, néanmoins chaque voix, prise isolément, ne parcourt qu'un espace beaucoup plus restreint, puisque les voix qui descendent bas s'élèvent moins que celles qui atteignent les sons aigus, et que, réciproquement, celles-ci descendent moins que les premières. D'où il résulte que les lignes supérieures de cette portée générale sont complétement inutiles aux voix graves; qu'au contraire, les voix aiguës n'emploient que les lignes supérieures; et qu'enfin les voix intermédiaires, se tenant dans la région moyenne de la portée générale, laissent vides plusieurs des lignes supérieures et inférieures. On partit de là, et, supprimant les lignes inutiles à la voix pour laquelle on écrivait, on ne laissa subsister de la portée générale que la portion nécessaire pour écrire la série des sons constituant le diapason de cette voix.

Pour former cette portée partielle, on prit à la portée générale cinq lignes seulement, ce nombre suffisant à peu près à l'étendue commune d'une voix quelconque.

Mais il fallut dès lors avoir recours à un signe indiquant à quelle portion de la portée générale correspondait cette portée partielle.

Tel est le principe des clefs, et l'on voit, ainsi que nous l'avons déjà fait remarquer, que non-seulement les clefs donnent un nom aux notes écrites sur la portée, mais qu'elles établissent le diapason auquel ces notes se rapportent.

Le système des clefs est rendu sensible aux yeux dans la figure suivante, qui le résume complétement.

Tableau du système général des clefs.

On voit par ce tableau:

1° Que les trois clefs de *fa*, d'*ut* et de *sol*, désignent les trois notes correspondantes placées dans la portée générale: *fa*, sur la quatrième ligne; *ut*, sur la sixième, et *sol*, sur la huitième.

2° Que sur cette portée générale, une portée partielle (celle en usage) s'élève graduellement de ligne en ligne, occupant ainsi huit positions sur la grande portée de douze lignes.

3° Qu'en rapportant à la portée partielle et mobile l'un ou l'autre des trois points fixes *fa*, *ut*, *sol*, désignés par les clefs sur la portée générale, et en observant à quelle ligne de la portée partielle correspond le point fixe figuré par la clef, on connaîtra la position exacte de la portée partielle par rapport à la portée générale, et par conséquent la hauteur *réelle* des sons écrits sur cette portée partielle.

4° Qu'à chaque changement de position, une même clef joue exactement le rôle d'une clef nouvelle, et que les trois clefs ayant ensemble huit positions, c'est en réalité comme si l'on avait huit clefs.

5° Que les clefs, envisagées ainsi dans leurs diverses positions sur la portée partielle, ont entre elles des rapports de diapason, dont il est facile de se rendre compte en plaçant la clef de la petite portée sur la clef correspondante de la portée générale, et en assignant par là à chacune des échelles partielles la place qui lui appartient dans l'échelle générale des sons.

Par exemple, nous avons dit (§ 25) que les notes suivantes représentaient l'*unisson* :

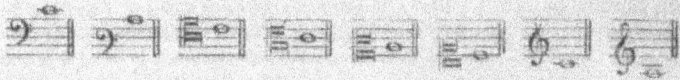

Pour le prouver, plaçons la clef de chacune de ces huit figures sur la clef correspondante de la portée générale, et nous reconnaîtrons que les huit notes sont traversées par la sixième ligne de la portée générale (la ligne *si*), et expriment en conséquence le même son : l'*ut* qui se pose sur la sixième ligne (1).

EXEMPLE :

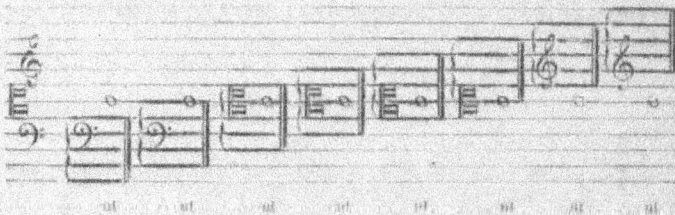

En procédant de la même manière à l'égard des notes suivantes :

(1) Les deux clefs au moyen desquelles on écrit la musique de piano offrent par leur réunion l'équivalent de la portée générale. La ligne supplémentaire placée entre les deux portées, et qui en est le point de jonction, n'est pas autre chose que la ligne d'ut de la portée générale.

EXEMPLE :

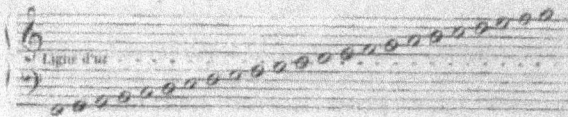

on verra que chacune de ces notes est plus haute de trois degrés que celle dont elle est précédée.

EXEMPLE :

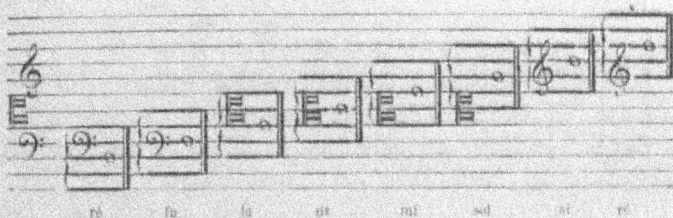

ré   fa   la   ut   mi   sol   si   ré

Ces deux exemples font voir que les trois clefs, en tenant compte de leurs diverses positions sur la portée de cinq lignes, forment un système complet dans lequel la *transposition* ou changement de position des notes s'effectue de tierce en tierce.

Ce système offre le grand avantage de permettre d'écrire sur une portée de cinq lignes (à l'aide des différentes clefs) toutes les notes de la portée générale (§ 26). En outre, chaque voix, selon son espèce, y trouve une clef parfaitement appropriée à son diapason (§ 27).

C'est ce que nous allons voir dans l'article ci-après, pages 53 et suivantes.

RÉSUMÉ.

A. On représente les sons par des signes appelés *notes*, lesquelles s'échelonnent sur la *portée*, conformément au degré d'élévation des sons qu'elles figurent.

B. Les notes placées sur la portée n'acquièrent une signification précise qu'au moyen des clefs.

C. Une clef est un signe qui indique un certain son déterminé de l'échelle générale.

D. Les clefs se posent au commencement de la portée, sur l'une des cinq lignes; la note placée sur la même ligne que la clef représente le son indiqué par cette clef. Or, le nom de cette note étant connu, on a celui de toutes les autres, en vertu de l'ordre naturel de leur succession.

E. Non-seulement les clefs font connaître le nom que doivent recevoir les notes posées sur la portée, mais elles indiquent encore le degré d'élévation des sons écrits.

F. Il y a trois signes de clefs : la *clef de* FA, la *clef d'*UT et la *clef de* SOL.

G. Chacune des trois clefs peut occuper sur la portée diverses positions.

La clef de *fa* se pose sur la 4º ligne et sur la 3º ligne.

La clef d'*ut* sur chacune des quatre premières lignes.

La clef de *sol*, sur les deux premières lignes.

Ces huit positions sont actuellement réduites à sept, par suite de l'abandon de la clef de *sol* sur la première ligne.

H. Ces diverses positions équivalent à autant de clefs différentes.

I. Le diapason et les rapports des différentes clefs peuvent être constatés au moyen d'un son connu qui, noté dans chacune d'elles, sert de comparaison.

J. On a imaginé toutes ces clefs afin de placer sur la portée la série des sons, graves ou aigus, appartenant à chaque genre de voix.

K. La clef de *fa* s'emploie pour le *grave*; la clef de *sol* et la clef d'*ut*, 1ʳᵉ ligne, pour l'*aigu*; la clef d'*ut* dans ses trois autres positions, pour le *médium*.

·

EXERCICE.

RÉPONDRE AUX QUESTIONS SUIVANTES.

(Sur les principes.)

Comment représente-t-on les sons dans l'écriture musicale? — A.

Qu'est-ce qui donne aux notes placées sur la portée une signification précise? — B.

Qu'est-ce qu'une clef? Qu'indique-t-elle? — C.

Comment la clef fait-elle connaître le nom que doit prendre chacune des notes écrites sur la portée? — D.

Les clefs n'ont-elles d'autre objet que de faire connaître le nom que doivent recevoir les notes écrites sur la portée? — E.

Combien y a-t-il de clefs? Comment les nomme-t-on? — F.

Sur quelles lignes de la portée se posent les différentes clefs? — G.

Les diverses positions d'une même clef équivalent-elles à des clefs diffé-rentes? — H.

Indiquez un procédé facile pour constater le diapason et les rapports des différentes clefs entre elles? — I.

Pourquoi a-t-on imaginé toutes ces clefs? — J.

Quelles sont les clefs affectées au grave? à l'aigu? au médium? — K.

(Sur l'application.)

Nommez les lignes, tant en dessus qu'en dessous, de la clef de FA; *de la clef d'*UT; *de la clef de* SOL.

Avec telle clef, sur telle ligne, quel serait le nom de la note occupant telle position sur la portée?

A quelle clef faut-il avoir recours pour que la note occupant telle position prenne tel nom?

Touchez sur le piano le FA *désigné par la clef de* FA; *l'*UT *désigné par la clef d'*UT; *le* SOL *désigné par la clef de* SOL.

Quelle est la distance qui sépare ces trois sons?

Touchez sur le piano la note qui, en telle clef, occupe telle position.

Écrivez en telle clef telle note qu'on vous désigne sur le clavier.

SYSTÈME DES CLEFS.

PAR RAPPORT AUX VOIX.

28. Les voix humaines se partagent en deux classes : les voix d'hommes et les voix de femmes ou d'enfants, les premières graves, les secondes aiguës. Classification des voix.

29. Mais les voix d'hommes sont plus ou moins graves, et les voix de femmes plus ou moins aiguës; il y a en cela des nuances dont les plus pro-noncées sont :

Pour les voix d'hommes, { la *basse* ou *basse-taille* (voix basse des hommes); le *ténor* ou *taille* (voix élevée des hommes).

Pour les voix de femmes, { le *contralto* (voix basse des femmes); le *soprano* ou *dessus* (voix élevée des femmes).

30. Les voix de femmes (ou d'enfants) sont d'une octave plus élevées que les voix d'hommes. Le *contralto* (voix basse des femmes) correspond à la *basse* (voix grave des hommes), mais une octave plus haut. Le *soprano*

(voix élevée des femmes) correspond au *ténor* (voix élevée des hommes), mais toujours une octave plus haut.

31. L'ensemble de ces quatre voix forme le *quatuor vocal*.

32. Outre ces voix principales, la nature en offre d'intermédiaires, ce qui porte à quatre le nombre des voix d'hommes, et à trois celui des voix de femmes.

Voici la classification de ces voix.

Les voix d'hommes sont, en partant du grave :

    1° La *basse* (ou basse-taille);

    2° Le *baryton* (appelé autrefois *concordant*);

    3° Le *ténor* (appelé autrefois *taille*);

    4° Le 1er *ténor* (appelé autrefois *haute-contre*) (1).

Les voix de femmes sont, en montant vers l'aigu :

    1° Le *contralto* (2);

    2° Le *mezzo-soprano* (ou second dessus);

    3° Le *soprano* (ou premier dessus).

33. Chaque voix, quelle qu'elle soit, a communément une étendue d'environ treize degrés.

Diapason des voix.
Clefs propres à chacune d'elles.
34. Le diapason de ces différentes voix et la clef propre à chacune d'elles sont indiqués dans la figure suivante :

35. On remarquera que la *haute-contre*, la plus élevée des voix d'hommes, et le *contralto*, la plus grave des voix de femmes, ont le même diapason, et par conséquent une clef commune (3).

---

(1) A proprement parler, la véritable voix de *haute-contre* a un timbre particulier qui la distingue de la voix de ténor. Cette voix de haute-contre est devenue fort rare.

(2) Le véritable *contralto* est une voix actuellement peu commune.

(3) Néanmoins ces voix diffèrent essentiellement par le timbre, ce qui fait paraître le *contralto* très-grave et la *haute-contre* très-aiguë.

En détachant de la portée générale les portées partielles, et en plaçant ces dernières l'une au-dessus de l'autre, on aura le tableau suivant :

(1)

VOIX DE FEMMES OU D'ENFANTS.	SOPRANO ou 1er Dessus.		sol
	MEZZO SOPRANO ou 2e Dessus.		mi
	CONTRALTO 1er TÉNOR ou Haute-Contre.		ut
VOIX D'HOMMES.	TÉNOR ou Taille.		la
	BARYTON ou Concordant.		fa
	BASSE ou Basse-Taille.		ré

Nota. — Bien que la *clef de* sol ne figure pas dans ce tableau, on peut voir, par l'exemple écrit sur la portée générale, que cette clef s'applique aussi très-bien à la voix de premier dessus, surtout pour le cas où cette voix aurait à chanter dans la région la plus élevée de son échelle.

36. On peut remarquer que le diapason des différentes voix classées dans l'ordre où elles sont présentées dans ce tableau s'élève de trois en trois degrés, ainsi que le diapason des clefs correspondantes.

37. Nous avons déjà mentionné (§ 21) la suppression de la *clef de* sol *sur la première ligne*, nous devons ajouter qu'on a encore réduit, pour l'usage des voix, le nombre des positions des autres clefs (2).

Clefs actuellement usitées pour les voix.

(1) La plupart des compositeurs emploient exclusivement la clef d'ut 1re ligne pour la voix de soprano, et réservent la clef de sol pour les instruments aigus.

(2) Maintenant que nous pouvons apprécier le système *complet* des clefs, son unité, la manière ingénieuse dont il est coordonné, et sa parfaite relation avec la nature des voix pour lesquelles il a été créé, nous comprendrons facilement combien il est regrettable que ce système ait été mutilé par l'abandon plus ou moins absolu de certaines positions de clef.

Cet abandon est d'autant plus fâcheux, que l'élève n'est pas pour cela affranchi de l'obligation d'apprendre *toutes* les clefs, puisque la connaissance en est indispensable pour pratiquer la *transposition* ; tandis que la rareté ou le défaut de leur emploi dans la musique qu'on a journellement sous les yeux, est un obstacle à ce qu'on les lise aussi rapidement que celles dont l'usage a été conservé pour l'écriture musicale.

Ainsi on n'emploie plus que la *clef de* FA *quatrième ligne*, tant pour la *basse* que pour le *baryton* (la clef de *fa* 3ᵉ ligne est supprimée).

Le premier et le deuxième ténor s'écrivent sur la *clef d'*UT *quatrième ligne* (1) (la clef d'UT 3ᵉ ligne n'est plus employée pour la voix de 1ᵉʳ ténor).

Enfin, toutes les voix de femmes s'écrivent sur la *clef d'*UT *première ligne* ou la *clef de* SOL *seconde ligne* (la clef d'*ut* 3ᵉ ligne, et surtout la clef d'*ut* 2ᵉ ligne, ne sont plus en usage pour les voix auxquelles elles correspondent).

SYSTÈME DES CLEFS

PAR RAPPORT AUX INSTRUMENTS.

38. A l'époque où le système des clefs a été imaginé, les instruments, très-imparfaits, étaient d'une étendue fort bornée, et la musique créée pour eux pouvait facilement s'écrire au moyen de ces différentes clefs, sans dépasser de beaucoup la portée.

Il n'en est plus de même aujourd'hui. Certains instruments atteignent, soit au grave, soit à l'aigu, des sons tellement éloignés des limites primitives, que le système des clefs devient insuffisant, et qu'il faut alors avoir recours à l'emploi d'un grand nombre de lignes supplémentaires.

Ligne d'octave. 39. Cependant, quand le nombre de lignes supplémentaires doit être très-grand, on retombe en partie dans la difficulté de lecture que l'emploi des clefs avait pour objet de prévenir. Or, pour obvier à cet inconvénient, on a souvent recours au procédé suivant :

On écrit les notes d'en haut une octave au-dessous, et les notes d'en bas une octave au-dessus, en indiquant la véritable position de ces notes par les mots *ottava alta*, *ottava bassa*, et par une ligne tremblée ou pointée, appelée *ligne d'octave*, qui se prolonge pendant toute la durée du passage transposé.

Lorsque les notes reprennent leur place véritable, on en est averti par le mot *loco* et par l'interruption de la ligne d'octave.

---

(1) On voit de la musique pour ténor écrite en clef de sol (parce que la connaissance de cette clef est plus vulgaire), mais, dans ce cas, la voix chante une octave au-dessous de la notation.

Règle générale :

Si les hommes veulent chanter la musique écrite sur les clefs spéciales aux voix de femmes (la clef de sol, la clef d'*ut* 1ʳᵉ et 2ᵉ ligne), ils chantent alors une octave au-dessous de la notation.

Si les femmes veulent chanter la musique écrite sur les clefs spéciales aux voix d'hommes (la clef de *fa* 4ᵉ et 3ᵉ ligne, et la clef d'*ut* 4ᵉ ligne), elles chantent cette musique une octave plus haut.

EXEMPLES :

40. Ajoutons que, pour certains instruments, la musique est entièrement écrite à un autre diapason que celui auquel l'instrument doit la rendre. Ainsi, la contre-basse donne les notes une octave plus bas qu'on ne les lui écrit; la petite flûte les donne une octave plus haut.

La connaissance du mode d'écriture particulier à de tels instruments, et la permanence de la transposition qui leur est propre, dispensent de toute indication à cet égard dans la notation.

RÉSUMÉ.

A. Les voix sont partagées en deux classes : voix d'hommes et voix de femmes ou d'enfants.

B. Les voix de femmes (ou d'enfants) sont plus aiguës d'une octave que les voix d'hommes.

C. Chacun de ces genres de voix se divise en plusieurs espèces. Il y a :

La voix basse des hommes, la *basse* ou *basse-taille*.

La voix élevée des hommes, le *ténor* ou *taille*.

La voix basse des femmes, le *contralto*.

La voix élevée des femmes, le *soprano* ou 1er *dessus*.

D. Il y a en outre des voix intermédiaires. Ces voix sont : pour les hommes, le *baryton*, entre la basse et le ténor ; la *haute-contre*, au-dessus du ténor et à l'unisson du contralto ; pour les femmes, le *mezzo-soprano*, ou *second dessus*, entre le contralto et le soprano.

En tout : sept voix, quatre d'hommes et trois de femmes.

E. Les clefs propres à chaque voix sont :

La clef de *fa* 4e ligne, pour la basse.

La clef de *fa* 3e ligne, pour le baryton.

(Cette voix s'écrit actuellement sur la clef de *fa* 4e ligne.)

La clef d'*ut* 4e ligne, pour le ténor.

La clef d'*ut* 3e ligne ⎰ pour la haute-contre ou 1er ténor.
(Le 1er ténor s'écrit actuellement sur la clef d'*ut* 4e ligne.)
pour le contralto.

La clef d'*ut* 2e ligne, pour le mezzo-soprano ou 2e dessus.

La clef d'*ut* 1re ligne, ou la clef de *sol*, pour le soprano ou 1er dessus.

(Toutes les voix de femmes ou d'enfants s'écrivent actuellement sur la clef d'*ut* 1re ligne, ou sur la clef de *sol*.)

F. L'étendue commune de chaque voix est de treize degrés environ.

G. Le système des clefs a été imaginé pour les voix : or, le diapason de certains instruments dépasse souvent les limites de ce système ; dans ce cas, pour éviter l'emploi d'un trop grand nombre de lignes supplémentaires, on peut avoir recours à la *ligne d'octave*. Au moyen de ce signe, on écrit les notes une octave plus bas ou plus haut que le point où elles doivent être interprétées.

EXERCICE.

RÉPONDRE AUX QUESTIONS SUIVANTES :

Comment classe-t-on les voix humaines? — A.

Quelle différence existe-t-il entre les voix d'hommes et les voix de femmes ou d'enfants? — B.

N'y a-t-il pas plusieurs espèces de voix d'hommes et plusieurs espèces de voix de femmes ou d'enfants? Quelles sont les principales? — C.

N'y a-t-il pas des voix intermédiaires? Quelles sont-elles? — D.

Quelles sont les clefs propres à chaque voix? — E.

Quelle est l'étendue commune de chaque voix? — F.

Le système des clefs renferme-t-il le diapason de tous les instruments, comme il embrasse l'étendue de toutes les voix? — G.

Quand les sons dépassent de beaucoup, soit au grave, soit à l'aigu, les limites du système des clefs, à quel moyen a-t-on recours pour éviter l'emploi d'un trop grand nombre de lignes supplémentaires? — G.

EXERCICES PRATIQUES.

DICTÉES D'INTONATION.

On connaît la GAMME, on a le moyen d'en écrire les sons; il faut donc, dès à présent, s'exercer à les apprécier à l'audition et à les noter.

A l'aide d'exercices méthodiques et soutenus, présentés sous forme de DICTÉES, on arrivera à pouvoir noter la musique qu'on entend, comme à entendre mentalement la musique qu'on lit.

Pour commencer, voici comment on devra procéder. L'élève chantera ou jouera la gamme UT, RE, MI, FA, SOL, SI, UT, en écoutant attentivement le son de chacun de ces degrés et les rapports d'intonation qui existent entre eux. Après cela, il écrira ceux de ces sons que le professeur jouera, un à un, lentement, sans les nommer.

Ces DICTÉES, très-progressives, ne contiendront d'abord que les notes de la gamme ci-dessus, isolées, puis combinées diversement et d'une manière successive, par groupes de sons plus ou moins nombreux.

Cet exercice, dont nous indiquerons les différentes phases au fur et à mesure que nous avancerons, devra être pratiqué FRÉQUEMMENT, jusqu'à ce que l'élève soit parvenu à reconnaître, à retenir et à noter avec exactitude et rapidité tous les sons qu'on lui fera entendre.

II.

ÉTUDE DE L'ÉCHELLE MUSICALE.

(SUITE.)

41. La gamme étant la base de la musique, nous devons en étudier la structure. Replaçons-la sous les yeux :

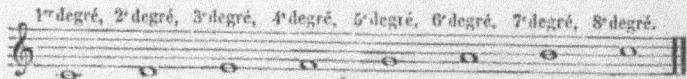

1ᵉʳ degré, 2ᵉ degré, 3ᵉ degré, 4ᵉ degré, 5ᵉ degré, 6ᵉ degré, 7ᵉ degré, 8ᵉ degré.

Tons et demi-tons. — Nous savons déjà (*Premières notions*) que si l'on cherche à se rendre compte de la distance qui sépare chacun des sons de cette gamme de celui qui le précède, on reconnaît que cette distance n'est pas partout la même.

42. On trouve en effet qu'elle est plus petite du troisième au quatrième degré, *mi*, *fa*, et du septième au huitième, *si*, *ut*, qu'entre les autres degrés.

43. On a vu (*Premières notions*) que la distance, d'ailleurs uniforme, existant entre ces autres degrés, était ce que l'on nomme *ton*, et que celle qui sépare le troisième degré du quatrième, ou le septième du huitième, n'était qu'un *demi-ton*.

EXEMPLE :

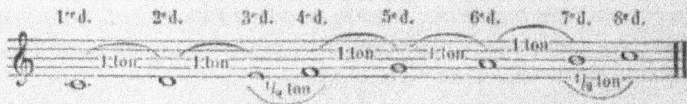

Gamme ou échelle diatonique. — **44.** Enfin, on sait qu'on appelle *gamme* ou *échelle diatonique* (1), celle dont les degrés sont ainsi distancés par des espaces de *ton* et de *demi-ton*

(1) Du grec *dia tonos*, par ton. Cette gamme a été ainsi nommée par opposition avec celle où les sons se succèdent constamment par demi-tons.

diatonique (demi-ton fourni par deux notes de noms différents, *Premières notions*, et ci-après § 70).

NOTA. — Il est à remarquer que, dans l'échelle diatonique, chacune des notes occupe sur la portée une position différente, et que, rangées dans leur ordre naturel de succession, ces notes vont sans interruption d'une ligne à un interligne, et d'un interligne à une ligne.

45. La gamme diatonique que nous venons de présenter contient donc, dans l'étendue d'une octave, cinq tons et deux demi-tons, disposés ainsi qu'on vient de le voir. Cette gamme peut être étendue jusqu'aux dernières limites de l'appréciabilité du son, mais cette extension ne sera que la reproduction, au grave ou à l'aigu, des notes que nous connaissons.

EXEMPLE :

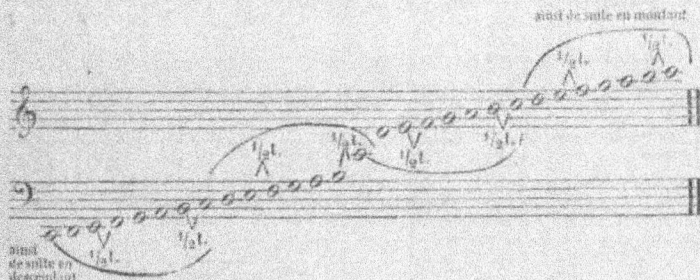

46. On voit que la mélodie formée par la série des notes de la gamme se répète exactement, d'octave en octave, à partir d'*ut*; mais on pourrait aussi reproduire cette mélodie à tout autre degré de hauteur, c'est-à-dire en prenant pour point de départ une autre note qu'*ut*.

47. On désigne chacune de ces diverses transpositions de la gamme par le nom de sa note primordiale : ainsi, outre la *gamme d'ut* que nous venons de voir, on pourrait faire la *gamme de ré*, la *gamme de mi*, la *gamme de fa*, etc., c'est-à-dire la gamme commençant par *ré*, par *mi*, par *fa*.

48. Or, quelle que soit la note prise pour premier degré, la constitution de la gamme restera la même, c'est-à-dire que les tons et demi-tons devront invariablement conserver leur numéro d'ordre relativement à ce premier degré.

49. Imaginons qu'on veuille prendre pour son primordial une autre note qu'*ut*, il est évident que chacune des séries diverses qu'on pourra former au moyen des notes de la gamme d'*ut* contiendra, à la vérité, deux demi-tons, dans l'étendue de l'octave, mais que ces demi-tons n'auront plus, dans ces

Mobilité de la gamme.

On désigne une gamme par le nom de sa note primordiale.

Naissance de nouveaux sons (dièses, bémols, etc.).

nouvelles séries, le même rang qu'ils occupaient dans la gamme primitive, et qu'en conséquence la mélodie fournie par ces séries de notes ne sera pas conforme à celle de la *gamme modèle*.

C'est ce dont il est d'ailleurs bien facile de se rendre compte en examinant et en exécutant les séries de sons présentées dans le tableau suivant :

	1er DEGRÉ.	2e DEGRÉ.	3e DEGRÉ.	4e DEGRÉ.	5e DEGRÉ.	6e DEGRÉ.	7e DEGRÉ.	8e DEGRÉ.
1re SÉRIE. Gamme d'*ut* servant de modèle.	ut	ré	mi	fa	sol	la	si	ut
			1/2 ton.				1/2 ton.	
2e SÉRIE.	ré	mi	fa	sol	la	si	ut	ré
		1/2 ton.				1/2 ton.		
3e SÉRIE.	mi	fa	sol	la	si	ut	ré	mi
	1/2 ton.				1/2 ton.			
4e SÉRIE.	fa	sol	la	si	ut	ré	mi	fa
				1/2 ton.			1/2 ton.	
5e SÉRIE.	sol	la	si	ut	ré	mi	fa	sol
			1/2 ton.			1/2 ton.		
6e SÉRIE.	la	si	ut	ré	mi	fa	sol	la
		1/2 ton.			1/2 ton.			
7e SÉRIE.	si	ut	ré	mi	fa	sol	la	si
	1/2 ton.			1/2 ton.				

Pour reproduire la gamme modèle en prenant pour point de départ chacun de ses degrés, on serait donc obligé de substituer à certains sons d'autres sons, tantôt plus aigus d'un demi-ton, tantôt plus graves de la même quantité et venant couper en deux les tons de la gamme d'*ut*.

Ainsi il faudrait :

en partant de *ré*, remplacer *fa* et *ut* par des sons *plus aigus*;
en partant de *mi*, remplacer *fa, sol, ut, ré*. par des sons *plus aigus*;
en partant de *fa*, remplacer le *si* par un son *plus grave*;
en partant de *sol*, remplacer le *fa* par un son *plus aigu*;
en partant de *la*, remplacer *ut, fa, sol*, par des sons *plus aigus*;
en partant de *si*, remplacer *ut, ré, fa, sol, la*, par des sons *plus aigus*.

EXEMPLES :

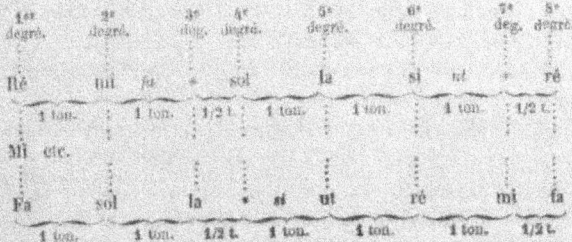

Etc.

50. Le nom générique de *dièse* (1) a été donné à tous les sons plus aigus d'un demi-ton que ceux fournis par la gamme d'*ut*.

51. Quant au son nécessaire à la rectification de la gamme de *fa*, ce son substitué au *si* et plus bas d'un demi-ton, a été appelé *bémol*.

52. Cette dénomination, particulière d'abord à cette note (2), a été étendue, par la suite, à tous les sons inférieurs d'un demi-ton à ceux de la gamme d'*ut*.

53. En effet, chacun des sons ci-dessus, *dièse* ou *bémol*, pouvant devenir lui-même note primordiale de la gamme, donne naissance à d'autres sons intermédiaires, lesquels, à leur tour, peuvent être pris pour points de départ. On verra ainsi apparaître, non-seulement des dièses et des bémols venant se placer un demi-ton au-dessus et un demi-ton au-dessous de chacune des notes de la gamme d'*ut*, mais encore de nouveaux sons qu'on nomme *doubles dièses* et *doubles bémols*, lesquels sont, à l'égard des simples dièses et des simples bémols, ce que ceux-ci étaient par rapport aux sons de la gamme d'*ut*.

Nous aurons plus loin à étudier ces générations dans leur principe et dans leur mode de progression ; il nous suffit, pour le moment, d'en connaître l'existence.

54. Cette multitude de sons divers a donc pour cause l'exacte reproduction de la gamme modèle à différents points de départ, transposition qui nous donne, comme nous l'avons vu, la gamme de *ré*, la gamme de *mi*, la gamme de *fa*, etc., etc. (3).

C'est au moyen des sons fournis par ces différentes gammes que sont composés tous les morceaux de musique.

(1) Du mot grec *diesis*, qui signifie division.

(2) L'étymologie fort curieuse du mot *bémol* se rattache à l'histoire de la musique ; on en trouvera l'explication à la fin du volume, note E.

(3) Il est à peine nécessaire de faire remarquer que si la gamme d'*ut*, de préférence à toute autre, est prise pour point de départ, pour *gamme modèle*, c'est parce que, seule, cette gamme est constituée *naturellement*, sans le secours d'aucun dièse ni d'aucun bémol.

55. Le mot *ton*, que nous avons vu employé comme mesure d'intervalle, marquant la distance existant, par exemple, d'*ut* à *ré*, ou de *ré* à *mi*, est pris encore dans un sens tout différent : il signifie l'*ensemble des sons qui constituent une gamme diatonique* (1).

56. *Gamme* veut dire une certaine série de sons se succédant *conjointement*.

Le mot *ton* indique le même système de sons, mais ne leur assigne pas, comme le mot *gamme*, un ordre de succession déterminé.

On dit être dans le *ton* d'*ut*, dans le *ton* de *fa*, dans le *ton* de *sol*, etc., et par abréviation, être en *ut*, être en *fa*, en *sol* : ce qui signifie que la musique est composée au moyen des sons appartenant à la gamme d'*ut*, de *fa*, de *sol*.

57. Le passage d'un ton à un autre, dans le courant d'un même morceau, se nomme *modulation*.

NOTATION.

SUITE DES SIGNES D'INTONATION.

58. Il fallait un moyen de désigner et d'écrire ces nouveaux sons, *dièses*, *bémols*, *doubles dièses*, *doubles bémols*. Or, tous les espaces de la portée étant déjà occupés par les notes de la gamme d'*ut*, on a imaginé de donner aux sons intermédiaires la position et le nom de l'une des notes voisines, en indiquant toutefois, au moyen d'un signe particulier, que l'intonation de cette note devait être *haussée* ou *abaissée*.

Par cet artifice on suppose, par exemple, que la note plus haute d'un demi-ton que l'*ut*, est un *ut* haussé d'un demi-ton ; ou que la note plus basse d'un demi-ton que le *ré*, est un *ré* baissé d'un demi-ton, et en conséquence on écrit la première à la place de la portée destinée à l'*ut*, en faisant précéder cette note du signe du dièse ; alors elle se nomme *ut dièse*.

De même la note inférieure d'un demi-ton au *ré* est figurée par un *ré* précédé du signe du bémol, et elle s'appelle *ré bémol*.

Il en est de même à l'égard des autres notes.

59. Par suite de cette fiction, on nomme *naturelles* les notes qui ne sont sous l'action d'aucun signe de ce genre, et dont l'intonation est par conséquent conforme à celle que prennent ces mêmes notes dans la gamme d'*ut* (2);

---

(1) Le mot *ton* a une troisième acception : il signifie le son considéré dans son degré d'élévation ou d'abaissement; on dit : *donner le ton*, *prendre le ton*, pour s'accorder.

(2) La gamme d'*ut* est quelquefois appelée *gamme naturelle*, parce qu'elle est entièrement formée de *notes naturelles*.

et l'on qualifie d'*altérées* les notes placées sous l'empire d'un signe indiquant une modification quelconque dans l'intonation.

60. Ces signes se nomment *signes d'altération*. Ce sont, comme on le Signes
d'altération. sait (*Premières notions*) :

Le *dièse* #, qui hausse la note d'un demi-ton *chromatique* (demi-ton formé par deux notes du même nom, *Premières notions*, et ci-après, § 70).

Le *bémol* ♭, qui baisse la note d'un demi-ton chromatique.

Le *double dièse*, qui se figure de plusieurs manières :#, ×, ✕, ✕, ##, et qui signifie que l'intonation de la note doit être élevée de deux demi-tons chromatiques.

Le *double bémol* ♭♭, qui, au contraire, marque qu'elle doit être abaissée de deux demi-tons chromatiques.

Le *bécarre* (1) ♮ détruit l'effet des divers signes d'altération, en ramenant la note précédemment altérée à l'état naturel (c'est-à-dire à l'intonation qu'aurait cette note dans la gamme d'*ut*) (2).

NOTA. — Quand le bécarre annule *accidentellement* un dièse ou un bémol nécessaire à la constitution d'une gamme, il y produit un son étranger. Par rapport à cette gamme, ce dièse ou ce bémol représenterait donc l'intonation normale, et le bécarre qui viendrait la modifier remplirait le rôle d'une altération.

Toutes les règles relatives à l'emploi des signes d'altération sont applicables au bécarre.

61. Les signes d'altération qu'on rencontre passagèrement durant le Altérations
accidentelles. cours d'un morceau se nomment *altérations accidentelles*. Ils exercent leur action, non-seulement sur la note devant laquelle ils sont placés, mais encore sur toutes celles du même nom, qui se trouveraient après eux, dans la même mesure.

N. B. — On doit entendre ici par le mot *mesure*, l'espace compris entre les barres qui traversent la portée perpendiculairement de distance en distance. (*Premières notions*, ou ci-après, § 229.)

(1) Voyez, pour l'étymologie du mot *bécarre*, la note E, à la fin du volume.

(2) Chaque signe d'altération a une signification précise et absolue, c'est-à-dire que toujours le dièse indique un son plus élevé d'un demi-ton ; le bémol, un son plus bas d'un demi-ton que la *note naturelle* ; le bécarre exprime toujours une note naturelle. En conséquence, quelle que soit l'altération dont ait été affectée une note, *dièse*, *bémol*, *double dièse*, *double bémol*, le *simple bécarre* la ramènera toujours à l'état naturel. Il n'y a donc pas de double bécarre : une note *doublement naturelle* serait un non-sens.

On doit conclure de cette remarque sur l'interprétation des signes d'altération, qu'il est superflu d'écrire, ainsi que cela se voit quelquefois, un *bécarre et un dièse*, ou un *bécarre et un bémol* à la même note, pour indiquer que cette note, précédemment affectée d'un double dièse ou d'un double bémol, doit être ramenée à l'état de simple dièse ou de simple bémol. Le signe # ou ♭, à lui seul, suffit pour cela, puisque les signes d'altération sont toujours censés agir sur des notes naturelles ; autrement un double dièse placé devant une note déjà diésée rendrait cette note *triple dièse* !... Cela n'est admis par personne. Néanmoins nous devons faire remarquer que les anciens compositeurs ont souvent adopté, dans l'usage des signes d'altération, le système opposé à celui-ci, ainsi, pour rendre double dièse une note déjà diésée, ils la diésaient de nouveau.

5

Les altérations accidentelles expriment des sons étrangers au ton dans lequel le morceau est écrit.

62. Les altérations nécessaires à la formation d'une gamme sont, à l'égard de cette gamme, des *altérations constitutives.*

63. Les signes qui représentent les altérations constitutives du ton principal du morceau se placent à la droite de la clef, sans être accompagnés des notes qu'ils désignent par leur position sur la portée. C'est là ce qu'on nomme l'*armure de la clef.*

Les signes qui arment la clef ont une action permanente, qui peut être suspendue, mais non détruite par l'effet des altérations accidentelles.

64. L'armure de la clef offre un double avantage : elle fait éviter la surcharge qu'occasionnerait dans la notation la fréquente répétition des signes dont elle est formée ; et elle révèle tout d'abord le ton du morceau (§ 133).

65. On n'arme jamais la clef de plus de *sept* dièses ou de *sept* bémols ; c'est-à-dire qu'on n'y place pas de doubles dièses ni de doubles bémols.

Nous avons maintenant tous les signes nécessaires pour noter l'intonation.

RESUMÉ.

A. La distance qui sépare les sons de la gamme n'est pas partout la même.

Entre certains degrés, cette distance est d'un *ton* ; entre certains autres, elle n'est que d'un *demi-ton.*

B. On peut définir le ton : *la plus grande distance qui sépare deux degrés diatoniques* (1) *conjoints.*

C. La gamme où l'on procède ainsi par tons et demi-tons (diatoniques) est appelée *gamme* ou *échelle diatonique.*

D. La gamme diatonique que nous connaissons contient cinq tons et deux demi-tons.

E. Ces demi-tons sont placés du troisième au quatrième degré et du septième au huitième.

F. On peut faire la gamme en prenant une autre note qu'*ut* pour premier degré.

(1) *Degrés ou notes diatoniques*, notes appartenant à une même gamme diatonique (voyez ci-après, § 72).

G. La gamme porte le nom de la note qui forme son premier degré. La gamme que nous avons vue jusqu'ici se nommerait donc : *gamme d'*UT ; mais on peut encore avoir la *gamme de* RÉ, la *gamme de* MI, la *gamme de* FA, etc.

H. Le mot *ton* n'exprime pas seulement la distance existant entre certains sons (comme d'*ut* à *ré*), il est pris encore dans un sens tout différent. Il signifie l'ensemble des notes qui constituent une gamme diatonique.

I. Le mot *ton* n'implique pas, comme le mot *gamme*, que les notes doivent nécessairement se succéder par degrés conjoints.

J. Le passage d'un ton à un autre se nomme *modulation*.

K. La gamme d'*ut* est le modèle de toutes les autres ; c'est-à-dire que, quel que soit le point de départ de la gamme, les demi-tons doivent toujours se trouver du 3e au 4e degré, et du 7e au 8e, ainsi que cela a lieu dans la gamme d'*ut*.

L. Pour obtenir ce résultat, il faut avoir recours à de nouveaux sons, plus hauts ou plus bas d'un demi-ton que ceux de la gamme d'*ut*.

M. Ces nouveaux sons pris, à leur tour, pour point de départ, donneront lieu à des gammes pour la régularité desquelles il faudra augmenter encore le nombre des sons du système.

N. Tous ces nouveaux sons, comparés à ceux de la gamme d'*ut*, sont plus élevés ou plus bas d'un demi-ton (chromatique) ; pour certains sons, la différence est de deux demi-tons (chromatiques).

O. Tous ces sons s'écrivent au moyen des notes de la gamme d'*ut*, devant lesquelles on place un signe indiquant la modification voulue dans l'intonation de la note.

P. Ces signes sont appelés *signes d'altération*, et les notes sur lesquelles ils agissent sont dites *altérées*.

Les notes non altérées, et qui, en conséquence, sont telles que les donne la gamme d'*ut*, sont qualifiées de *naturelles*.

Q. Les signes d'altération sont :

Le *dièse* ♯, qui hausse la note d'un demi-ton (chromatique) ;

Le *bémol* ♭, qui la baisse d'un demi-ton (chromatique);

Le *double dièse* ♯, qui l'élève de deux demi-tons (chromatiques);

Le *double bémol* ♭♭, qui la baisse de deux demi-tons (chromatiques).

R. Le *bécarre* ♮ ramène à l'*état naturel* la note précédemment altérée.

S. Le bécarre n'est pas, à proprement parler, un signe d'altération; mais parfois il en joue le rôle, et il s'emploie de la même manière.

T. Les signes d'altération qu'on rencontre passagèrement, dans le cours d'un morceau, sont appelés *altérations accidentelles*.

Leur action ne se prolonge pas au delà de la *mesure* dans laquelle ils sont placés.

U. L'altération mise devant une note agit sur toutes les autres notes du même nom dont cette altération serait suivie durant la *mesure*.

V. Les signes d'altération se placent encore immédiatement après la clef, et ils en constituent l'*armure*.

X. Dans ce cas, leur action est permanente.

Y. L'armure de la clef fait éviter la fréquente répétition des signes dont elle est formée, et elle signale le ton du morceau.

Z. Ni le *double dièse*, ni le *double bémol*, ne figurent dans l'armure de la clef.

EXERCICES.

RÉPONDRE AUX QUESTIONS SUIVANTES.

(Sur les principes.)

La distance est-elle la même entre tous les degrés de la gamme? — A.
Qu'est-ce qu'un ton? — B.
Qu'appelle-t-on gamme ou échelle diatonique? — C.
Combien la gamme diatonique contient-elle de tons et de demi-tons? — D.

Où les demi-tons sont-ils placés? — E.

Peut-on faire la gamme en prenant une autre note qu'UT pour premier degré? — F.

Comment désigne-t-on les diverses transpositions de la gamme, autrement dit : les DIFFÉRENTES GAMMES? — G.

Nous savons que le mot TON exprime la distance existant entre certains sons; ce mot n'a-t-il pas encore une autre signification? — H.

Quelle différence y a-t-il entre la signification du mot TON et celle du mot GAMME? — I.

Comment nomme-t-on le passage d'un ton à un autre? — J.

Quelle gamme est le type, le modèle des autres gammes? — K.

Quelles conditions une gamme doit-elle remplir pour être conforme à la gamme modèle? — K.

Quand on prend pour premier degré d'une gamme une autre note qu'UT, comment peut-on obtenir que les tons et les demi-tons soient à la place qu'ils doivent occuper? — L.

Comment nomme-t-on les sons plus élevés ou plus bas que ceux de la gamme d'UT? — O.

Sous quel nom général désigne-t-on les signes indiquant une modification dans l'intonation des notes? — P.

Comment qualifie-t-on les notes qui sont sous l'empire d'un signe d'altération et celles qui sont franches de toute altération? — P.

Faites connaître les divers signes d'altération, leur figure, leur effet. — Q.

Par quel signe indique-t-on qu'une note, précédemment altérée, doit être rendue naturelle? — R.

Le BÉCARRE doit-il être considéré comme un signe d'altération. — S.

Qu'est-ce que les signes d'altération ACCIDENTELS? — T.

Les signes d'altération accidentels n'agissent-ils que sur la note devant laquelle ils sont placés? — U.

Les signes d'altération ne se placent-ils que devant les notes? — V.

Qu'est-ce que l'ARMURE de la clef? — V.

De quelle manière agissent les signes d'altération quand ils sont placés à la clef? — X.

Pourquoi place-t-on à la clef les signes d'altération appartenant au ton dans lequel le morceau est écrit? — Y.

Place-t-on à la clef toutes sortes de signes d'altération? — Z.

(Sur l'application.)

Entre quelles notes les demi-tons sont-ils placés dans telle gamme?
Formez la gamme sur telle note ; nommez-en tous les sons.

EXERCICES PRATIQUES.

Dictées dans différents tons (sans modulation).

Gamme
ou échelle
chromatique.
66. Nous avons vu comment la reproduction exacte de la gamme modèle, à divers points de départ, avait nécessité l'introduction de nouveaux sons, appelés *dièses* et *bémols*, venant couper en deux les intervalles de ton existant entre les notes naturelles.

Au moyen de ces sons diviseurs, ajoutés aux notes naturelles, l'échelle peut être entièrement partagée en demi-tons, et, dans cet état, elle prend le nom de *gamme* ou d'*échelle chromatique* (1).

67. L'échelle chromatique peut être formée, soit au moyen des altérations supérieures, les *dièses*, soit à l'aide des altérations inférieures, les *bémols*. Elle présente un total de douze sons différents.

EXEMPLE :

Échelle chromatique par dièses.

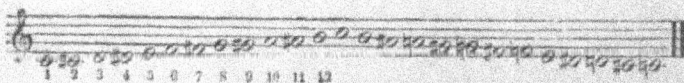

1 2 3 4 5 6 7 8 9 10 11 12

Échelle chromatique par bémols.

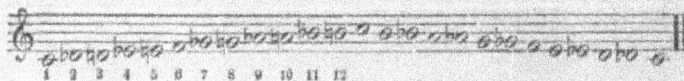

1 2 3 4 5 6 7 8 9 10 11 12

68. Cependant on écrit habituellement la gamme chromatique ascendante au moyen des dièses, ou des bécarres annulant les bémols constitutifs (car toutes les gammes peuvent être divisées *chromatiquement*); et la gamme chromatique descendante, au moyen des bémols, ou des bécarres annulant les dièses constitutifs.

1) Du grec *chrôma*, couleur.

EXEMPLES :

Gamme chromatique
ascendante.

Gamme chromatique
descendante.

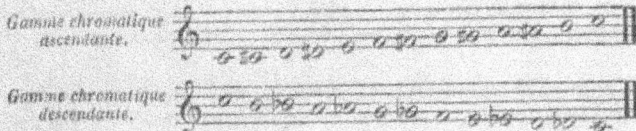

On verra le motif de cette disposition au § 75.

69. Les exemples précédents nous montrent les dièses et les bémols **Deux espèces de demi-tons.** partageant, chacun dans un sens différent, l'intervalle de *ton*. C'est ainsi qu'entre l'*ut* et le *ré*, on trouve *ut dièse* plus haut que l'*ut*, et *ré bémol* plus bas que le *ré*.

Si donc chacune de ces notes, *ut dièse* et *ré bémol*, divisait exactement par la moitié l'intervalle qui existe entre *ut naturel* et *ré naturel*, il est clair que les deux notes *ut dièse* et *ré bémol* tomberaient juste au même point, et que, sous deux noms différents, elles désigneraient un seul et même son.

Cependant, *rigoureusement* parlant, il n'en est pas ainsi (1). En comparant soigneusement l'*ut dièse* au *ré bémol*, on reconnaît que ces deux sons, quoique très-rapprochés, ne sont pas identiques, mais que l'*ut dièse* est un peu plus haut que le *ré bémol*.

En soumettant tous les autres sons intermédiaires, dièses et bémols, à une semblable comparaison, on reconnaîtra toujours la même différence : constamment le dièse sera plus élevé que le bémol correspondant.

Cette petite différence est à peu près la neuvième partie d'un ton. On nomme *comma* ce minime intervalle.

Ainsi, en plaçant les notes précédentes conformément à leur degré d'élévation, elles se succéderaient dans cet ordre :

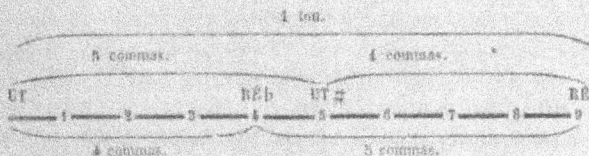

1 ton.

	5 commas.		4 commas.		
UT		RÉ♭	UT♯		RÉ
—1—2—3—	4	—5—6—	7	—8—	9
	4 commas.		5 commas.		

70. Il suit de là qu'un ton est partagé en deux demi-tons, d'espèces différentes.

_____

(1) Nous verrons tout à l'heure comment, par l'effet du *tempérament*, la supposition précédente devient une réalité.

Demi-ton
diatonique.

L'un, de quatre commas, comme *ut ré* ♭ ou *ut* ♯ *ré*, se nomme *demi-ton diatonique*, parce que c'est celui qui entre dans la formation des gammes diatoniques.

Demi-ton
chromatique.

L'autre, de cinq commas, comme *ut ut* ♯ ou *ré* ♭ *ré* ♮, est appelé *demi-ton chromatique*, parce qu'il appartient à la gamme chromatique. — Note *f*.

NOTA. — On distinguera facilement ces deux sortes de demi-tons, en remarquant que le demi-ton diatonique est toujours formé par deux notes de noms différents : *ut ré* ♭, *ut* ♯ *ré*, *mi fa*, *si ut*, etc.

Le demi-ton chromatique, au contraire, est toujours produit par deux notes portant le même nom, mais dont l'une est altérée : *ut ut* ♯, *ré* ♭ *ré* ♮, etc. ; c'est l'*altération* d'un même degré.

Nombre
des demi-tons
dans
la gamme
chromatique.

71. En analysant la gamme chromatique, on trouvera qu'elle contient, dans l'étendue d'une octave, 12 demi-tons, dont 7 diatoniques et 5 chromatiques (1).

EXEMPLE :

Gamme chromatique par dièses.   Gamme chromatique par bémols.

Notes
diatoniques.

72. Les notes qui entrent dans la formation d'une gamme diatonique se nomment, par rapport à cette gamme, *notes diatoniques*.

Ainsi les notes naturelles sont *diatoniques* dans le ton d'*ut*, où toutes les notes sont naturelles ; les notes diésées ou bémolisées sont de même *diatoniques*, dans les tons auxquels elles appartiennent.

Notes
chromatiques

73. Les notes étrangères à une gamme diatonique sont, par rapport à cette gamme, des *notes chromatiques*. Par exemple, à l'égard du ton d'*ut* où toutes les notes sont naturelles, les notes diésées ou bémolisées seraient *chromatiques*. Au contraire, relativement à un ton qui ne prendrait que des notes diésées, celles-ci seraient diatoniques et les notes naturelles *chromatiques*.

Une même note peut donc être chromatique dans un ton, et diatonique dans un autre. Ainsi *fa dièse* est chromatique dans le ton d'*ut*, et diatonique dans le ton de *sol* ; *fa naturel* est diatonique dans le ton d'*ut*, et chromatique dans le ton de *sol*.

(1) La gamme chromatique ne peut pas être formée exclusivement de demi-tons chromatiques, puisque la division du ton produit les deux espèces de demi-tons ; une seule espèce de demi-tons ne peut constituer une échelle.

74. Nous avons vu qu'en prenant les sons dans leur justesse rigoureuse, Chromatiques ascendantes et chromatiques descendantes. le ton se trouvait partagé en deux demi-tons inégaux ; l'un de cinq commas, le demi-ton chromatique ; l'autre de quatre, le demi-ton diatonique.

Si donc on franchit d'abord le demi-ton chromatique, il ne reste plus qu'un demi-ton diatonique pour aller à la note suivante.

Supposons, par exemple, que nous voulions aller chromatiquement d'*ut* à *ré* : si nous faisons d'abord le demi-ton chromatique *ut ut ♯*, alors nous ne serons plus éloignés du *ré* que d'un demi-ton diatonique (4 commas); aussi cet *ut dièse* tend-il beaucoup plus à monter au *ré* qu'à retomber à l'*ut naturel*.

Si, au contraire, on veut descendre chromatiquement du *ré* à l'*ut*, on procédera en sens inverse, et l'on fera *ré, ré ♭, ut :* le *ré bémol* tendant à descendre à l'*ut*, dont il est plus rapproché que du *ré naturel*.

75. Il y a donc deux sortes de notes chromatiques : les *chromatiques ascendantes*, qui sont produites, suivant le cas, par les dièses, les doubles dièses ou les bécarres annulant les bémols constitutifs; et les *chromatiques descendantes*, qui, suivant les circonstances, sont formées par les bémols, les doubles bémols, ou les bécarres annulant les dièses constitutifs.

Telle est la raison pour laquelle la gamme chromatique (ainsi que nous l'avons indiqué au § 68) n'est pas notée habituellement de la même manière en descendant qu'en montant : on se sert naturellement des chromatiques ascendantes pour la monter et des chromatiques descendantes pour la descendre.

76. La distance d'un comma existant entre les sons, dièses et bémols, qui Notes synonymes ou enharmoniques. partagent un ton, est si petite, que ces sons se confondent presque. Ainsi, dans l'exemple précédent, l'oreille n'éprouve pas une grande difficulté à admettre l'un pour l'autre l'*ut dièse* et le *ré bémol*. C'est pourquoi les notes qui représentent des sons ayant entre eux une telle analogie sont appelées *synonymes* ou *enharmoniques*.

77. Le passage d'une note à la synonyme se nomme *enharmonie* (1). Enharmonie.

78. Pour éviter l'extrême complication qu'aurait occasionnée la production Tempérament. exacte de chacun de ces sons sur certains instruments, et particulièrement sur les instruments à clavier, on a imaginé d'accorder ces instruments de manière que le ton fût partagé en deux demi-tons *parfaitement égaux*, ce qui permet de n'avoir qu'un même son, et par conséquent qu'une même touche, pour les notes synonymes. Par ce moyen, le véritable *ut dièse* et le véritable *ré bémol* de notre exemple n'existeront plus, mais ils seront remplacés, l'un et l'autre, par un son intermédiaire qu'on nommera, selon le besoin, soit *ut dièse*, soit *ré bémol*. On conçoit que, dans la pratique, un semblable

---

(1) Du grec *en*, dans ; *armonia*, liaison, accord.

défaut de justesse (la moitié d'un comma) devient tout à fait inappréciable.

Ce système appliqué à toutes les notes synonymes se nomme *tempérament* (1).

Le tempérament réduit à 12 le nombre des sons contenus dans une octave.

79. Dans le système de la justesse absolue, on trouve que les notes naturelles et altérées forment un total de trente-cinq notes distinctes :

Notes naturelles	7
Notes diésées	7
Notes bémolisées	7
Notes doublement diésées	7
Notes doublement bémolisées	7
Total	35

Or, dans le système de *tempérament*, et grâce à l'enharmonie, ces trente-cinq notes se réduisent à douze sons réellement différents; c'est ce que montre le tableau suivant.

TABLEAU DES NOTES ENHARMONIQUES

OU LES 35 NOTES EXPRIMÉES PAR 12 SONS.

NOTA. — Dans ce tableau, les notes sont disposées par *quintes*. Les notes naturelles sont écrites en gros caractère; les notes diésées ou bémolisées, en caractère moyen, et les notes affectées du double dièse ou du double bémol, en petit caractère.

	1. Même son.	2. Même son.	3. Même son.	4. Même son.	5. Même son.	6. Même son.	7. Même son.	8. Même son.	9. Même son.	10. Même son.	11. Même son.	12. Même son.
Notes enharmoniques.	[25]ré♯	[26]la♯	[27]mi♯	[28]si♯	[29]fa✕	[30]ut✕	[31]sol✕	[32]ré✕	[33]la✕	[34]mi✕	[35]si✕	
	[13]mi♭	[14]si♭	[15]FA	[16]UT	[17]SOL	[18]RÉ	[19]LA	[20]MI	[21]SI	[22]fa♯	[23]ut♯	[24]sol♯
	[1]fa♭♭	[2]ut♭♭	[3]sol♭♭	[4]ré♭♭	[5]la♭♭	[6]mi♭♭	[7]si♭♭	[8]fa♭	[9]ut♭	[10]sol♭	[11]ré♭	[12]la♭

Voilà pourquoi le clavier du piano ne présente que douze touches par octave.

80. Néanmoins on n'est pas libre d'appeler *indifféremment* un son des noms divers réunis sur lui par l'enharmonie, mais il faut lui donner le nom que lui assigne le rang qu'il occupe dans la gamme à laquelle il appartient. Par exemple, le *si bémol*, 4e degré de la gamme de *fa*, ne saurait être confondu

(1) L'enharmonie est une des plus remarquables propriétés de notre système moderne, par les rapports qu'elle établit entre des tons fort étrangers, en apparence. Or, le *tempérament*, favorisant ces *transitions enharmoniques* qui, sans lui, seraient dures et souvent même impraticables, doit être considéré comme un avantage bien plutôt que comme un défaut.

avec son synonyme *la dièse*, car la note *la* ne peut être quatrième degré d'une gamme qui commence par *fa*; ce 4ᵉ degré ne peut être que *si* :

$$\begin{array}{cccc} 1 & 2 & 3 & 4 \\ fa, & sol, & la, & si, \end{array} \text{etc.}$$

Réciproquement, *la dièse*, 7ᵉ degré de la gamme de *si*, ne pourra être nommé *si bémol*, car la note *si* ne peut remplir la fonction de 7ᵉ degré dans une gamme dont le premier est un *si*. Ces noms divers pour un même son qui remplit plusieurs rôles, ne sont donc pas une superfluité.

81. D'après ce qui précède, on reconnaîtra qu'il y a, pour les sons, trois manières de succéder :

1ᵉ Par tons et demi-tons diatoniques ;

2ᵉ Par demi-tons chromatiques ;

3ᵉ Par transition enharmonique, c'est-à-dire en passant d'une note à sa synonyme.

Ces trois modes de succession constituent les trois *genres* : le *diatonique*, le *chromatique* et l'*enharmonique*.

On comprend que le genre enharmonique est le moins usité.

Ajoutons que les genres sont presque toujours mixtes, c'est-à-dire que le diatonique entre pour beaucoup dans le chromatique, et que l'un et l'autre sont nécessairement mêlés à l'enharmonique.

Genres.

RÉSUMÉ.

A. Au moyen des altérations, on peut partager en deux demi-tons chacun des espaces de ton contenus dans la gamme diatonique.

B. Une semblable succession de demi-tons se nomme *gamme* ou *échelle chromatique*.

C. La gamme chromatique présente douze sons différents dans l'étendue d'une octave.

D. Elle peut être formée, soit au moyen des altérations supérieures, soit à l'aide des altérations inférieures.

E. On emploie de préférence les altérations supérieures dans la gamme ascendante ; et les altérations inférieures dans la gamme descendante.

F. Tout intervalle de ton se partage en deux demi-tons d'*espèces différentes*.

G. L'un de ces demi-tons est appelé *demi-ton diatonique*, parce que c'est celui qui entre dans les gammes diatoniques.

L'autre se nomme *demi-ton chromatique*, parce qu'il est spécial à la gamme chromatique.

H. Le demi-ton diatonique est toujours formé par deux notes de noms différents : *si ut, fa ♯ sol, ré mi ♭*.

Dans le demi-ton chromatique, les deux notes sont de même nom, mais dans un état différent : *ut ut ♯, ré ♭ ré ♮*.

I. La gamme chromatique contient, dans l'étendue d'une octave, sept demi-tons diatoniques et cinq demi-tons chromatiques ; en tout, douze demi-tons.

J. Les notes qui forment une gamme diatonique sont, à l'égard de cette gamme, des *notes diatoniques*.

Les notes étrangères à une gamme sont, par rapport à elle, des *notes chromatiques*.

K. Il y a deux sortes de notes chromatiques : les *chromatiques ascendantes*, produites par les altérations supérieures ; et les *chromatiques descendantes*, produites par les altérations inférieures.

L. C'est parce que les altérations supérieures tendent à monter et les inférieures à descendre, qu'on emploie de préférence les premières dans la gamme chromatique ascendante, et les secondes dans la gamme chromatique descendante.

M. On appelle *synonymes* ou *enharmoniques*, les notes qui, sous des noms différents, ont une intonation à peu près identique, telles qu'*ut ♯* et *ré ♭*.

N. L'*enharmonie* consiste dans le passage d'une note à sa synonyme.

O. On appelle *tempérament*, un système dans lequel chaque ton est divisé en deux demi-tons parfaitement égaux. Alors les notes synonymes sont rendues par un son unique ; et ainsi disparaît la légère différence qui, en principe, existerait entre elles.

P. Le tempérament réduit à douze le nombre des sons contenus dans une octave.

Q. Ces douze sons pourraient exprimer trente-cinq notes.

R. Par l'enharmonie, un son reçoit plusieurs noms, mais on n'est pas libre de les appliquer indifféremment. Un son doit toujours prendre le nom que lui assigne la fonction qu'il remplit dans la gamme.

S. On appelle *genres*, les différentes manières dont les sons peuvent se succéder.

T. Il y a trois genres : le *diatonique*, le *chromatique* et l'*enharmonique*, puisque les sons peuvent se succéder de trois manières, par tons et demi-tons diatoniques, par demi-tons chromatiques et par transition enharmonique.

U. Dans la pratique, les genres sont presque toujours associés. L'enharmonique est peu fréquent.

EXERCICES.

RÉPONDRE AUX QUESTIONS SUIVANTES.

(Sur les principes.)

Chaque intervalle de ton peut-il être partagé en deux demi-tons? — A.

Comment nomme-t-on une série de sons procédant constamment par demi-tons? — B.

Combien la gamme chromatique présente-t-elle de sons différents, dans l'étendue d'une octave? — C.

Peut-on former la gamme chromatique aussi bien avec les altérations inférieures qu'avec les altérations supérieures? — D.

Écrit-on habituellement de la même manière la gamme chromatique ascendante et la gamme chromatique descendante? — E.

Un ton partagé en deux fournit-il deux demi-tons de même espèce? — F.

Par quel nom désigne-t-on les deux espèces de demi-tons? — G.

Comment distingue-t-on le demi-ton diatonique du demi-ton chromatique? — H.

Combien la gamme chromatique, dans l'étendue d'une octave, renferme-t-elle de demi-tons de chaque espèce? — I.

Qu'appelle-t-on notes diatoniques et notes chromatiques? — J.

Ne distingue-t-on pas deux sortes de notes chromatiques? Quelles sont-elles? — K.

Expliquez pourquoi la gamme chromatique s'écrit habituellement avec les altérations supérieures pour monter, et avec les altérations inférieures pour descendre. — L.

Qu'est-ce que les notes synonymes ou ENHARMONIQUES? — M.

*En quoi consiste l'*ENHARMONIE? — N.

Qu'est-ce que le TEMPÉRAMENT *dans l'accord des sons de l'échelle musicale? — O.*

Dans le système du tempérament, combien y a-t-il de sons réellement différents? — P.

Combien de notes peut-on exprimer au moyen des douze sons fournis par le système du tempérament? — Q.

Puisque le tempérament réduit le nombre des sons, pourquoi n'a-t-on pas réduit également le nombre des notes, et a-t-on conservé plusieurs noms pour un même son? — R.

Qu'appelle-t-on GENRES *en musique? — S.*

Combien y a-t-il de genres? Quels sont-ils? — T.

(Sur l'application.)

Quels seraient le demi-ton diatonique et le demi-ton chromatique résultant de la division par le dièse de l'intervalle de ton formé par les deux notes FA, SOL *(ou toutes autres notes à distance de ton)?*

Quels seraient le demi-ton diatonique et le demi-ton chromatique résultant de la division par le bémol de l'intervalle de ton formé par les deux notes FA, SOL *(ou toutes autres notes à distance de ton)?*

Formez un demi-ton diatonique sur telle note naturelle, — sur telle note diésée, — sur telle note bémolisée.

Formez un demi-ton chromatique sur telle note naturelle, — sur telle note bémolisée, — sur telle note diésée.

*Quelles seraient les notes diatoniques et les notes chromatiques à l'égard du ton d'*UT, *où toutes les notes sont naturelles?*

Même question par rapport à un ton où toutes les notes seraient diésées? — Par rapport à un ton où toutes les notes seraient bémolisées?

Quelles sont les enharmoniques de telle note?

EXERCICES PRATIQUES.

Dictées sans modulation, mais avec l'emploi de quelques notes chromatiques.

Nous voici en possession de tous les sons dont se compose notre système moderne. C'est l'ensemble de tous ces sons, rangés dans un ordre progressif, qui constitue *l'échelle musicale* dont, au début, nous avons donné la définition, et que nous pouvons maintenant comprendre.

Nous en apprécions les éléments, nous en connaissons la notation ; dans l'étude qui va suivre, nous nous occuperons des rapports de distance existant entre tous ces sons, c'est-à-dire, des *intervalles* qui les séparent dans leurs diverses combinaisons.

III.

ÉTUDE DES INTERVALLES.

Cette étude a pour objet les rapports qu'ont entre eux les différents sons, quant à l'intonation.

Définition 82. On appelle *intervalle*, la distance qui existe d'un son à un autre.

83. Il semblerait, au premier abord, qu'en raison du grand nombre de sons dont se compose l'échelle musicale, la quantité des intervalles dût être considérable. Cependant, si l'on observe la manière dont sont accordés les sons de cette échelle (§§ 45 et 67), on reconnaîtra que tous les intervalles peuvent être ramenés à ceux fournis par la combinaison des sons contenus dans un espace de huit degrés (une octave).

Comment on les nomme. 84. Ainsi que nous l'avons dit (§ 9), on donne à chaque intervalle un nom exprimant le nombre de degrés diatoniques que l'intervalle contient.

85. En tête des intervalles on place l'*unisson*, c'est-à-dire l'intervalle nul servant de point de départ.

EXEMPLE :

UNISSON.
Intervalle nul.—
Un seul et même degré.

SECONDE.
Intervalle de deux degrés.

TIERCE.
Intervalle de trois degrés.

QUARTE.
Intervalle de quatre degrés.

QUINTE.
Intervalle de cinq degrés.

SIXTE.
Intervalle de six degrés.

SEPTIÈME.
Intervalle de sept degrés.

OCTAVE.
Intervalle de huit degrés.

En poursuivant au delà de l'octave, on aurait la *neuvième*, la *dixième*, la *onzième*, la *douzième*, etc.

86. Les intervalles qui ne dépassent pas l'octave sont des *intervalles simples*.

87. Les intervalles qui excèdent l'octave sont considérés comme la répétition, à une ou plusieurs octaves de distance, des intervalles simples, et, pour cette raison, on les nomme *intervalles composés*.

Ainsi la *neuvième* est la répétition de la seconde ; la *dixième*, de la tierce ; la *onzième*, de la quarte, etc.

EXEMPLE :

88. Les intervalles composés se divisent en redoublés, triplés, quadruplés, etc., suivant que la note extrême s'y trouve contenue deux, trois, quatre fois, etc.

Ainsi la *treizième* est une sixte redoublée.

EXEMPLE :

La *dix-septième* est une tierce triplée.

EXEMPLE :

89. Pour ramener au *simple* un intervalle *composé*, il faut soustraire du nombre de ses degrés 7 autant de fois qu'il s'y trouve contenu ; ce qui reste est l'intervalle simple. Par exemple, pour la treizième, 7 étant retranché de 13, il reste 6 ; la sixte est donc l'intervalle simple. Pour la dix-septième, 17 contient 7 deux fois, et il reste 3 ; la tierce est donc l'intervalle simple.

Ajoutons que s'il n'y a pas de reliquat, l'intervalle simple est une septième ; que si ce reliquat est 1, l'intervalle simple est l'unisson ou, pour mieux dire, l'octave, puisque l'unisson n'est pas un intervalle.

6

Tous les intervalles, quels qu'ils soient, pouvant être réduits à ceux qui sont contenus dans une octave, l'étude que nous en devons faire n'aura pas à franchir ces limites.

Intervalles supérieurs et inférieurs. 90. Remarquons qu'un intervalle peut être compté de deux manières, soit en partant du son grave pour monter au son aigu, soit en descendant du son aigu au son grave.

Dans le premier cas, l'intervalle est appelé *supérieur :* ainsi la *tierce supérieure* d'*ut* est *mi.*

Dans le second cas, l'intervalle est dit *inférieur :* la *tierce inférieure* d'*ut* est *la.*

91. Les sons se comptant ordinairement de bas en haut, si l'on ne spécifie rien dans l'énoncé de l'intervalle, c'est l'intervalle supérieur qu'on a en vue. Donc, lorsque l'on dit simplement : la seconde de *ré,* la tierce de *fa,* on désigne la note *mi,* la note *la.*

NOTA. — Les exercices placés à la fin du chapitre peuvent être fractionnés et répartis dans le courant de cette étude de la manière ci-après.

EXERCICES :

Sur les principes, n° 1, page 94.
Sur l'application, n° 1, page 95.

Modifications des intervalles. 92. Tous les intervalles formés d'un même nombre de degrés diatoniques et portant en conséquence le même nom, ne sont pas égaux entre eux.

On sait déjà qu'il y a des secondes d'un ton : *ut ré, ré mi* ; et des secondes d'un demi-ton : *mi fa, si ut.* Il y a aussi plusieurs sortes de tierces, de quartes, de quintes, etc.

Chaque intervalle a donc plusieurs manières d'être, ou *modifications* (1).

93. Les intervalles, selon la modification, sont qualifiés de *justes, majeurs, mineurs, augmentés, diminués.*

94. La *quarte,* la *quinte* et l'*octave* prennent la qualification de *juste.*

95. Plus grand que *juste,* d'un demi-ton chromatique, l'intervalle est *augmenté* ; plus petit de la même quantité, il est *diminué.*

96. La *seconde,* la *tierce,* la *sixte* et la *septième* reçoivent chacune les qualifications de *majeure* et de *mineure,* marquant une différence d'un demi-ton, entre ces deux manières d'être de l'intervalle.

97. Plus grand que *majeur,* d'un demi-ton chromatique, l'intervalle est *augmenté* ; plus petit que *mineur,* de la même quantité, l'intervalle est *diminué.*

(1) Faute d'une expression plus exacte, nous adoptons ce mot de *modifications* pour désigner les variétés d'un même intervalle.

98. Les intervalles, dans leurs diverses modifications, se mesurent par tons, demi-tons diatoniques et chromatiques (1).

Comment on mesure les intervalles dans leurs diverses modifications.

99. Cette manière de mesurer les intervalles indique avec précision leur nature. En effet, de même que le nom de chaque intervalle se rapporte au nombre de degrés diatoniques qu'il renferme, de même le nombre des tons et demi-tons à accuser, sera celui des espaces qui séparent ces degrés, dans leur succession conjointe.

D'où il suit que le nombre de ces espaces (tons ou demi-tons diatoniques) égalera, moins un, celui des degrés.

EXEMPLE :

Unisson (intervalle nul), 1 même degré, 0 espace.

Seconde   2 . . degrés, 1 espace.

Tierce   3 . . degrés, 2 espaces.

Quarte   4 . . degrés, 3 espaces.
Etc.

100. Les intervalles de même nom, quelles que soient leurs modifications, compteront le même nombre d'espaces *diatoniques*.

Ils varieront par la nature de ces espaces, mais non par leur nombre : plus l'intervalle sera grand, plus il contiendra de *tons*; plus il sera petit, plus il renfermera de *demi-tons*; mais la somme des espaces sera toujours la même.

Par exemple :

Une tierce majeure contiendra 2 tons (2 esp.);
Une tierce mineure contiendra 1 ton et 1 demi-ton diat. (2 esp.);
Une tierce diminuée contiendra 2 demi-tons diat. (2 esp.).

101. Quant au demi-ton chromatique, il n'apparaît que dans les intervalles augmentés. Il s'ajoute aux espaces diatoniques, sans rien changer à la règle que nous venons d'établir, puisque l'altération qui le produit ne change pas le rang du degré. *Ut* *ré* ♯ forment une *seconde* tout comme *ut ré* ♮; et

(1) Nous ne prenons pas exclusivement le demi-ton, comme le font certains auteurs, pour mesurer les intervalles, cette méthode ayant l'inconvénient :

1° De confondre les demi-tons, et en conséquence de ne pas donner la mesure exacte de l'intervalle;

2° De faire perdre de vue la nature de l'intervalle, en ne se rattachant pas au nombre de degrés qui constituent l'intervalle, et d'où il tire son nom;

3° De faire naître la confusion, en attribuant à des intervalles très-différents une composition identique, par exemple : trois demi-tons indiqueront tout aussi bien une seconde augmentée qu'une tierce mineure; neuf demi-tons seront la mesure de la 7e diminuée, comme de la sixte majeure, etc.

l'une et l'autre *seconde* ne devront compter qu'*un* espace *diatonique*, le demi-ton chromatique *ré ré ♯* ne pouvant pas être pris pour espace diatonique.

102. Le tableau suivant donnera le nom et la mesure des intervalles dans leurs diverses modifications.

TABLEAU SYNOPTIQUE DES INTERVALLES.

PREMIÈRE. (Dénomination inusitée.)	*Diminuée.* (Impraticable*.) ex:	*Juste.* UNISSON. Intervalle nul. ex:	*Augmentée.* Intervalle chromatique. Un demi-ton chromatique. ex:	
SECONDE.	*Diminuée.* Intervalle enharmonique. ex:	*Mineure.* 1 demi-ton diatonique. ex:	*Majeure.* 1 ton. ex:	*Augmentée.* 1 ton et 1 demi-ton chromatique. ex:
TIERCE.	*Diminuée.* 2 demi-tons diatoniques. ex:	*Mineure.* 1 ton et 1 demi-ton diatonique. ex:	*Majeure.* 2 tons. ex:	*Augmentée.* 2 tons et 1 demi-ton chromatique. ex:

QUARTE.	*Sous-diminuée.* 3 demi-tons diaton. ex:	*Diminuée.* 1 t. et 2 demi-t. diatoniques. ex:	*Juste.* 2 t. et 1 demi- ton diatoniq. ex:	*Augmentée.* 3 tons. ex:	*Sur-augmentée.* 3 tons et 1 demi-ton chromatique. ex:
QUINTE.	*Sous-diminuée.* 1 ton et 3 demi-tons diatoniques. ex:	*Diminuée.* 2 t. et 2 demi- tons diatoniq. ex:	*Juste.* 3 t. et 1 demi- ton diatoniq. ex:	*Augmentée.* 3 t., 1 d.-t. diat. et 1 demi-t. chr. ex:	*Sur-augmentée.* 3 tons, 1 demi-t. diat. et 2 demi-tons chrom. ex:

SIXTE.	*Diminuée.* 2 tons et 3 demi-tons diatoniques. ex:	*Mineure.* 3 tons et 2 demi-tons diatoniques. ex:	*Majeure.* 4 tons et 1 demi-ton diatonique. ex:	*Augmentée.* 4 tons, 1 demi-ton diat. et 1 demi-ton chromat. ex:
SEPTIÈME.	*Diminuée.* 3 tons et 3 demi-tons diatoniques. ex:	*Mineure.* 4 tons et 2 demi-tons diatoniques. ex:	*Majeure.* 5 tons et 1 demi-ton diatonique. ex:	*Augmentée.* 5 tons, 1 demi-ton diat. et 1 demi-ton chromat. ex:

OCTAVE.	*Diminuée.* 4 tons et 3 demi-tons diat. ex:	*Juste.* 5 tons et 2 demi-tons diat. ex:	*Augmentée.* 5 tons, 2 demi-tons diaton. et 1 demi-ton chromatique. ex:

(*) Cet intervalle est impraticable, en le considérant comme intervalle *supérieur*, car il y aurait croisement des deux sons; la note *supérieure* serait plus *grave* que la note inférieure, ce qui est contradictoire.

On remarquera, dans le tableau précédent, qu'à l'exception de la quarte, tous les intervalles augmentés contiennent un *demi-ton chromatique* (1).

OBSERVATIONS SUR LA NOMENCLATURE DES INTERVALLES.

Ce qui frappe d'abord dans ce tableau des intervalles, c'est l'absence d'uniformité dans la nomenclature de leurs modifications.

Cette irrégularité provient de la manière différente dont sont envisagés certains intervalles.

Les uns (la *seconde*, la *tierce*, la *sixte* et la *septième*) reçoivent les qualifications de *majeur* et de *mineur*, se rapportant aux deux formes sous lesquelles ils s'offrent dans l'état diatonique.

Les autres (la *quarte*, la *quinte* et l'*octave*) sont considérés comme ayant une manière d'être particulière, dont ils ne peuvent sortir sans être, en quelque sorte, dénaturés. Ces intervalles ne sont donc ni *majeurs* ni *mineurs*, ils sont appelés *justes*.

Pour l'octave cela se comprend facilement, puisque, dans cet intervalle, le son aigu n'est que la *reproduction* du son grave.

Venons à la quinte. La quinte dite *juste*, produit de la *résonnance des corps sonores* (§ 120), est le principe générateur du système musical. Ainsi que nous le verrons, c'est d'elle que découle la *tonalité* (§ 120), et elle forme dans les éléments du *mode* la partie fixe et immuable (§ 145), tandis que la tierce, autre produit de la *résonnance*, est susceptible de modification, et que c'est précisément de sa manière d'être que résulte le *mode* (§ 146).

La quinte ne peut donc subir de modification sans perdre toutes ses propriétés. De là la qualification de *juste* ou d'*inaltérée*, qui lui est communément attribuée.

(Voilà pourquoi la quinte et l'octave, prises *harmoniquement*, sont appelées *consonnances parfaites*. Voyez notre *Cours d'harmonie*.)

Quant à la quarte, elle n'est appelée *juste* que parce qu'elle procède de la quinte dont elle est le renversement (§ 114).

(1) Il n'y a pas d'*augmentation* sans *altération*, et, par conséquent, sans l'introduction d'une note et d'un demi-ton *chromatiques*. A la vérité, la quarte augmentée fait exception à cette règle, et, comme elle existe *diatoniquement*, sa composition (trois tons) ne révèle pas de demi-ton chromatique. Cette observation bien simple prouve que cet intervalle devrait être appelé majeur et non augmenté. (Voyez même page et suiv., *Observations sur la nomenclature des intervalles*, et la note à la page 147.) Néanmoins nous devons faire remarquer que la *quarte augmentée* dans laquelle interviendrait la *note sensible du mode mineur* (voyez page 133) pourrait, dans ce cas, être considérée comme contenant 2 tons, 1/2 ton diatonique et 1/2 ton chromatique, la note sensible dans le mode mineur résultant toujours d'une altération.

A cela ajoutons que la quarte dite *augmentée* et la quinte dite *diminuée*, selon cette classification, ont un caractère, une *tendance résolutive* conformes à la nature des intervalles augmentés et diminués. (Voyez notre *Cours d'harmonie*.)

Voilà ce qu'on peut dire à l'appui de la distinction vulgairement établie à l'égard de ces intervalles.

Mais si, dans notre nomenclature des intervalles, nous avons cru devoir nous conformer à l'usage le plus généralement adopté, nous pensons qu'il est utile d'indiquer les solides raisons qui ont décidé plusieurs auteurs et théoriciens éminents (1) à s'en écarter, et à classer la quinte que nous nommons *juste* parmi les intervalles *majeurs*, appelant conséquemment *mineure* la quarte qui en est le renversement (notre quarte juste).

En effet, si parmi tous les intervalles formés par les degrés de la gamme diatonique, combinés l'un avec l'autre, on compare entre eux les intervalles de même nom, on les trouvera de deux sortes. C'est-à-dire qu'il y aura deux sortes de *secondes*, deux sortes de *tierces*, deux sortes de *quartes*, de *quintes*, de *sixtes* et de *septièmes*.

La différence qui existe entre ces deux sortes d'intervalles de même nom est d'un demi-ton, pour tous les intervalles *diatoniques* (§ 111). Il n'y a d'exception qu'à l'égard de l'*octave*, dont la composition est toujours la même.

Des deux intervalles de même nom, mais inégaux, le plus grand doit naturellement être qualifié de *majeur*, et le plus petit de *mineur*.

L'octave, qui, diatoniquement, n'a qu'une manière d'être, sera le seul intervalle auquel conviennent les qualifications de *juste* ou d'*inaltérée*.

De la sorte nous aurons :

Seconde majeure, 1 ton. . . . . Seconde mineure, 1 demi-ton.
Tierce majeure, 2 tons . . . . Tierce mineure, 1 ton et 1 demi-ton.
Quarte majeure, 3 tons. . . . . Quarte mineure, 2 tons et 1 demi-ton.
Quinte majeure, 3 tons et 1 demi-ton. Quinte mineure, 2 tons et 2 demi-tons.
Sixte majeure, 4 tons et 1 demi-ton. . Sixte mineure, 3 tons et 2 demi-tons.
Septième majeure, 5 tons et 1 demi-ton. Septième mineure, 4 tons et 2 demi-tons.

Quant aux intervalles augmentés ou diminués, ils résulteront nécessairement d'une altération chromatique.

(1) Notamment M. Fétis, et Halévy, dans ses *Leçons de lecture musicale*. Citons encore E. Bodin, dans l'ouvrage intitulé : *Traité complet et rationnel des principes élémentaires de la musique*.

Notre tableau des intervalles se trouverait donc modifié de la manière suivante :

NOTA. — Tous les exemples des intervalles majeurs et mineurs sont, dans ce tableau, formés avec des notes de la gamme d'*ut*, les altérations n'interviennent que pour les intervalles *augmentés* et *diminués*.

	Diminuée.	*Juste.*	*Augmentée.*	
PREMIÈRE.	(Impraticable.)	UNISSON. Intervalle nul.	Intervalle chromatique. Un demi-ton chromatique.	
	ex:	ex:	ex:	

	Diminuée.	*Mineure.*	*Majeure.*	*Augmentée.*
SECONDE.	Intervalle enharmonique.	1 demi-ton diatonique.	1 ton.	1 ton et 1 demi-ton chromatique.
	ex:	ex:	ex:	ex:

	Diminuée.	*Mineure.*	*Majeure.*	*Augmentée.*
TIERCE.	2 demi-tons diatoniques.	1 ton et 1 demi-ton diatonique.	2 tons.	2 tons et 1 demi-ton chromatique.
	ex:	ex:	ex:	ex:

	Diminuée.	*Mineure.*	*Majeure.*	*Augmentée.*
QUARTE.	1 ton et 2 demi-tons diatoniques.	2 tons et 1 demi-ton diatonique.	3 tons.	3 tons et 1 demi-ton chromatique.
	ex:	ex:	ex:	ex:

	Diminuée.	*Mineure.*	*Majeure.*	*Augmentée.*
QUINTE.	1 ton et 3 demi-tons diatoniques.	2 tons et 2 demi-tons diatoniques.	3 tons et 1 demi-ton diatonique.	3 tons, 1 demi-ton diat. et 1 demi-ton chrom.
	ex:	ex:	ex:	ex:

	Diminuée.	*Mineure.*	*Majeure.*	*Augmentée.*
SIXTE.	2 tons et 3 demi-tons diatoniques.	3 tons et 2 demi-tons diatoniques.	4 tons et 1 demi-ton diatonique.	4 tons, 1 demi-ton diat. et 1 demi-ton chromat.
	ex:	ex:	ex:	ex:

	Diminuée.	*Mineure.*	*Majeure.*	*Augmentée.*
SEPTIÈME.	3 tons et 3 demi-tons diatoniques.	4 tons et 2 demi-tons diatoniques.	5 tons et 1 demi-ton diatonique.	5 tons, 1 demi-ton diat. et 1 demi-ton chromat.
	ex:	ex:	ex:	ex:

	Diminuée.	*Juste.*	*Augmentée*	
OCTAVE.	4 tons et 3 demi-tons diat.	5 tons et 2 demi-tons diat.	5 tons, 2 demi-tons diaton. et 1 demi-ton chromatique.	
	ex:	ex:	ex:	

La démonstration sommaire que nous venons de donner au sujet de cette classification des intervalles sera fortifiée par certaines observations qu'on trouvera au chapitre de la transposition. (Voyez la note à la page 147.)

Le tableau des intervalles serait difficile à apprendre et à retenir ; les remarques qui vont suivre fourniront le moyen de s'en dispenser.

MOYEN DE CONNAÎTRE LA COMPOSITION D'UN INTERVALLE DONNÉ, OU UN INTERVALLE PAR SA COMPOSITION.

103. On connaît par le nom de l'intervalle le nombre de degrés diatoniques qu'il renferme (§ 84).

(Ex. : Une *sixte* renferme 6 degrés.)

On connaît par le nombre des degrés la somme de tons et demi-tons diatoniques qu'il contient (un espace de moins que de degrés) (§ 99).

(Ex. : Une *sixte* ayant 6 degrés contient 5 espaces diatoniques, tons ou demi-tons.)

104. Il n'y a plus qu'à savoir pour combien les demi-tons entreront dans cette somme totale, et l'on aura la composition exacte de l'intervalle (§ 100).

(Ex. : Si nous savons qu'il n'entre qu'un demi-ton dans la sixte majeure, nous conclurons qu'elle est composée de 4 tons et un demi-ton diatonique, puisque le total des espaces est de 5.)

105. Commençons par les intervalles majeurs et justes. La composition de ceux-ci nous fera connaître celle des autres modifications.

Nombre des demi-tons qui entrent dans la composition des intervalles majeurs et justes (1).

La seconde et } la tierce . . } pas de demi-ton.

De la quarte à } la septième. } 1 demi-ton.

L'octave. . . . 2 demi-tons.

106. Les intervalles majeurs et justes étant connus, servent de point de départ pour mesurer les autres modifications. En effet, il suffit d'ajouter un

(1) D'après la classification des intervalles indiquée aux pages 86 et 87, les intervalles majeurs :

De la seconde } à la quarte. . } ne contiennent pas de demi-ton.

De la quinte à } la septième. . } contiennent 1 demi-ton.

L'octave juste contient 2 demi-tons.

demi-ton chromatique pour chaque agrandissement de l'intervalle ou de retrancher la même quantité pour chaque diminution (*).

107. On remarquera qu'un ton se partageant en deux demi-tons, dont l'un est diatonique et l'autre chromatique, si l'on retranche un demi-ton chromatique, il reste un demi-ton diatonique, et qu'en conséquence tout intervalle, à chaque diminution qu'il subit, perd un ton et gagne un demi-ton diatonique.

108. Faisons l'application de ces remarques.

On demande, par exemple, quelle est la composition de la 7ᵉ diminuée? Nous dirons :

Septième majeure, 6 espaces diatoniques dont 1/2 ton ;
                soit : 5 tons et 1 demi-ton diat. (6 esp. diat.) ;
Septième mineure. . . . . 4 tons et 2 demi-tons diat. (**) (6 esp. diat.) ;
Septième diminuée. . . . 3 tons et 3 demi-tons diat. (6 esp. diat.).

On demande de quoi se compose la sixte augmentée ?

Sixte majeure 5 espaces diatoniques dont 1 demi-ton ;
              soit. . 4 tons et 1 demi-ton diat. (5 esp. diat.) ;
Sixte augmentée. . . . 4 tons et 1 demi-ton diat. }
             plus 1 demi-ton chrom. } (5 esp. diat.).

EXERCICES :

Sur les principes, nᵒ 2, page 94.
Sur l'application, nᵒ 2, pages 95 et 96.

(*) On agrandit un intervalle, soit en élevant la note aiguë, soit en abaissant la note grave. On le diminue au moyen de l'opération inverse.

EXEMPLES :

(**) D'après ce qui a été dit, § 100, on comprend que deux demi-tons diatoniques ne peuvent pas être réunis et comptés pour un ton. On sait bien, d'ailleurs, qu'en réalité deux demi-tons diatoniques ne forment pas un ton, § 70.

MOYEN DE CONNAÎTRE QUELLE EST LA NATURE DE L'INTERVALLE FORMÉ PAR DEUX NOTES QUELCONQUES ; OU DE SAVOIR QUELLE EST LA NOTE QUI, SUR TELLE AUTRE, PRODUIT TEL INTERVALLE.

109. Soit que le cas proposé exige l'emploi d'altérations, soit qu'il n'en comporte pas, on commencera d'abord par se rendre compte de l'intervalle qui serait fourni par les notes *non altérées*.

Cela est facile. Les notes naturelles ne formant de demi-tons que de *mi* à *fa*, et de *si* à *ut*, en remplissant l'intervalle par les degrés intermédiaires, on verra tout de suite s'il contient le demi-ton *mi fa*, ou le demi-ton *si ut*, ou tous les deux, ou ni l'un ni l'autre. Or le nombre des demi-tons étant connu, la nature de l'intervalle l'est aussi (§§ 105 et 106).

Si le cas proposé exige l'emploi d'altérations, il n'y a plus qu'à les appliquer, en en tenant compte, aux notes de l'intervalle naturel dont la qualité est connue, et qui sert de point de comparaison.

110. Appliquons ces remarques.

On demande quel est l'intervalle formé par les notes *si, sol*?

Si, ut, ré, mi, fa, sol, six degrés, c'est donc une sixte; *mineure*, car elle renferme les deux demi-tons *si ut* et *mi fa* (la sixte majeure n'en prend qu'un).

On demande quel est l'intervalle fourni pour les notes *ut ♯, si ♭*?

Ut, ré, mi, fa, sol, la, si, septième ;

Ut, si, 7ᵉ majeure (un seul demi-ton) ;
Ut, si♭, 7ᵉ mineure;
Ut♯, si♭, 7ᵉ diminuée.

Ut ♯, si ♭, forment donc une *septième diminuée*.

AUTRES EXEMPLES :

Quelle note ferait *sixte mineure* sur *ré*?

Ré, mi, fa, sol, la, si, sixte majeure (un seul demi-ton).

Ré, si♭, sixte mineure.

C'est donc si♭.

Quelle est la *sixte majeure* de *mi*?

Mi, ut, deux demi-tons; sixte mineure.

Mi, ut♯, sixte majeure.

Ainsi c'est *ut ♯*.

EXERCICES.

Sur l'application, n° 8, page 96.

111. Les intervalles sont *diatoniques* ou *chromatiques*.

Un intervalle est *diatonique*, quand les notes dont il est formé peuvent entrer dans une même gamme diatonique.

Un intervalle est *chromatique*, quand il ne peut être formé dans aucun ton, sans le secours de l'altération ; en d'autres termes, quand les deux notes qui le produisent ne pourraient pas appartenir à une même gamme diatonique.

NOTA. — Nous indiquerons ci-après, à la page 133, le nombre et la nature des intervalles appartenant, soit à la *gamme majeure*, soit à la *gamme mineure*, ainsi que les degrés sur lesquels ils se produisent.

112. On renverse un intervalle en transportant le son grave de cet intervalle au-dessus du son aigu ; ou le son aigu au-dessous du son grave.

EXEMPLE :

Renversement.

113. L'octave juste étant la limite de cette opération, il n'y a que les *intervalles simples* qui soient susceptibles de renversement.

114. Par le renversement, l'unisson devient octave ; la seconde, septième ; la tierce, sixte ; la quarte, quinte ; la quinte, quarte ; la sixte, tierce ; la septième, seconde : et l'octave, unisson.

EXEMPLE :

On remarquera, dans ce tableau, que tout intervalle additionné avec son renversement donne le nombre 9. C'est là un moyen facile de se rappeler le résultat du renversement des divers intervalles.

115. On comprend que plus un intervalle est grand, plus son renversement est petit, et *vice versâ*. En conséquence, par le renversement, les intervalles majeurs produisent des intervalles mineurs ; les augmentés, des diminués ; les intervalles justes donnent des intervalles justes.

116. Les intervalles sont *mélodiques*, quand les sons qui les forment se produisent successivement dans une même partie.

EXEMPLE :

Intervalles mélodiques.

 etc.

117. Ils sont *harmoniques*, quand les deux sons se font entendre simultanément.

EXEMPLE :

Intervalles harmoniques.

118. Les intervalles harmoniques sont divisés en intervalles *consonnants* et en intervalles *dissonants*.

Les intervalles *consonnants* sont ceux dont les sons s'accordent d'une manière agréable; et les intervalles *dissonants*, ceux dont l'effet est moins satisfaisant (1).

EXERCICES :

Sur les principes, n° 3, page 95.
Sur l'application, n° 4, page 96.

RÉSUMÉ.

A. La distance d'un son à un autre son se nomme *intervalle*.

B. Les noms de *seconde, tierce, quarte, quinte*, etc., donnés aux intervalles, marquent le nombre de degrés diatoniques qu'ils renferment.

C. Les intervalles se partagent en *simples* et en *composés*.

D. Les *intervalles simples* sont ceux qui ne dépassent pas l'octave; les *intervalles composés*, ceux dont l'étendue excède cette limite.

(1) Voyez, pour les intervalles harmoniques, notre *Manuel d'harmonie* ou notre *Cours complet*.

E. Les intervalles composés ne sont que la réplique des intervalles simples.

F. On ramène au simple un intervalle composé, en retranchant de ce dernier le nombre 7 autant de fois qu'il s'y trouve contenu ; le reliquat est l'intervalle simple.

G. Un intervalle est appelé *supérieur* ou *inférieur*, selon la manière dont on en compte les sons. Il est *supérieur*, quand il est pris du grave à l'aigu ; il est *inférieur*, quand il est pris de l'aigu au grave.

H. Chaque intervalle a plusieurs manières d'être, ou *modifications*.

I. Ces modifications sont désignées par les qualifications de *juste, majeure, mineure, augmentée, diminuée*.

J. *Juste* exprime une manière d'être particulière de certains intervalles, lesquels ne sont appelés ni majeurs ni mineurs. *Majeur* veut dire plus grand d'un demi-ton que *mineur*. *Augmenté*, plus grand d'un demi-ton que *majeur* ou que *juste*. *Diminué*, plus petit d'un demi-ton que *mineur* ou que *juste*.

K. La qualification de *juste* s'applique exclusivement à l'octave, à la quinte et à la quarte (1).

L. Les intervalles, dans leurs diverses modifications, se mesurent par tons, demi-tons diatoniques et demi-tons chromatiques.

M. Le nombre des espaces diatoniques (tons et demi-tons diatoniques) qui forme la mesure d'un intervalle, est inférieur de *un* au nombre de degrés d'où il tire son nom.

N. Le demi-ton chromatique n'apparaît que dans les intervalles augmentés.

O. Un intervalle est *diatonique*, quand ses deux notes peuvent appartenir à une même gamme diatonique. Il est *chromatique* quand il ne peut être formé, dans aucun ton, sans le secours de l'altération.

P. On renverse un intervalle en transportant le son grave au-dessus du son aigu, et *vice versâ*.

(1) Nous avons fait remarquer, à la page 86, que cette qualification de *juste*, rigoureusement parlant, ne devrait s'appliquer qu'à l'octave.

Q. Les intervalles simples sont les seuls qu'on renverse.

R. Par le renversement, la *seconde* devient *septième*; la *tierce*, *sixte*; la *quarte*, *quinte*; la *quinte*, *quarte*; la *sixte*, *tierce*; la *septième*, *seconde*, et l'*octave*, *unisson*.

S. Les intervalles majeurs produisent des intervalles mineurs; les augmentés, des diminués; et réciproquement. Les intervalles justes donnent des intervalles justes.

EXERCICES.

RÉPONDRE AUX QUESTIONS SUIVANTES.

(Sur les principes.)

N° 1.

Qu'est-ce qu'un INTERVALLE ? — A.

A quoi se rapportent les noms de SECONDE, TIERCE, QUARTE, QUINTE, *etc.*, *donnés aux intervalles ?* — B.

Comment classe-t-on les intervalles ? — C.

Qu'appelle-t-on INTERVALLES SIMPLES *et* INTERVALLES COMPOSÉS ? — D.

Quels rapports y a-t-il entre les intervalles composés et les intervalles simples ? — E.

Comment voit-on quel est le simple d'un intervalle composé ? — F.

Qu'est-ce qu'un intervalle SUPÉRIEUR *et un intervalle* INFÉRIEUR ? — G.

N° 2.

Tous les intervalles de même nom sont-ils égaux entre eux ? — H.

Comment qualifie-t-on les diverses MODIFICATIONS *des intervalles ?* — I.

Que signifient les qualifications de JUSTE, MAJEUR, MINEUR, AUGMENTÉ, DIMINUÉ, *données aux intervalles ?* — J.

A quels intervalles s'applique la qualification de juste ? — K.

Comment mesure-t-on les intervalles dans leurs diverses modifications ? — L.

Quel rapport y a-t-il entre le nombre des tons et demi-tons diatoniques dont un intervalle est composé, et le nombre de degrés d'où il prend son nom ? — M.

N° 3.

Quels sont les intervalles où apparaît le demi-ton chromatique ? — N.

Qu'est-ce qu'un INTERVALLE DIATONIQUE, *et un* INTERVALLE CHROMATIQUE *?* — O.

Comment renverse-t-on un intervalle ? — P.

Renverse-t-on tous les intervalles ? — Q.

Que deviennent, par le renversement, la SECONDE*, la* TIERCE*, la* QUARTE*, etc. ?* — R.

Quel est le résultat du renversement par rapport aux modifications des intervalles ? — S.

(Sur l'application.)

N° 1.

Quel nom donnerait-on à l'intervalle existant entre les notes UT *et* MI*, par exemple ; ou* RE *et* SOL*,* FA *et* UT*, etc. ?*

Quelle note formerait quarte, ou quinte (ou tout autre intervalle qu'on désignera) *sur telle note ? ou sur telle autre ?*

Quel est l'intervalle simple de tel intervalle composé ?

Quel serait l'intervalle redoublé (ou triplé, etc.) *de tel intervalle simple ?*

Quelle est la quinte (ou tout autre intervalle qu'on désigne) *supérieure de telle note. Quelle en est la quinte* (ou tout autre intervalle) *inférieure ?*

N° 2.

Comment rendrait-on MINEUR *l'intervalle majeur formé par les notes telle et telle ?*

Comment rendrait-on MAJEUR *l'intervalle mineur formé par les notes telle et telle ?*

Comment rendrait-on AUGMENTÉ *l'intervalle majeur formé par les notes telle et telle ?*

Comment rendrait-on DIMINUÉ *l'intervalle mineur formé par les notes telle et telle ?*

Combien faut-il compter d'espaces diatoniques dans une seconde ? dans une tierce ? dans une quarte ? dans une quinte ? etc.

Combien faut-il compter de demi-tons dans le nombre d'espaces diatoniques formant : la seconde majeure ? la tierce majeure ? la quarte juste ? la quinte juste ? la sixte majeure ? la septième majeure ? et l'octave juste ?

Indiquez la composition de tous les intervalles dans leurs diverses modifications.

Quels sont les intervalles composés de telles manières?

N° 3.

Indiquez la nature exacte des intervalles suivants :

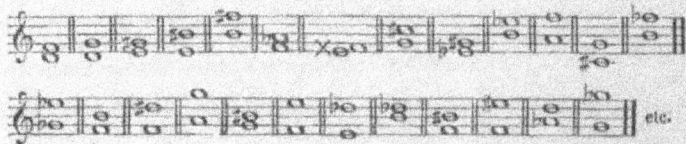

Formez sur les notes suivantes l'intervalle désigné pour chacune d'elles :

N° 4.

Quel est l'intervalle résultant du renversement de tel autre?

EXERCICES PRATIQUES.

Dictées comme précédemment.

IV.

ÉTUDE DE LA TONALITÉ.

FORMATION DE LA GAMME DIATONIQUE. — GÉNÉRATION ET ENCHAÎNEMENT
DES TONS. — PROGRESSION DES ALTÉRATIONS CONSTITUTIVES.

TONALITÉ. — FORMATION DE LA GAMME DIATONIQUE.

119. Nous avons fait remarquer de quelle manière les sons doivent être
espacés pour constituer notre gamme ; nous allons maintenant étudier le
principe en vertu duquel elle est formée.

Ce principe constitutif se nomme *tonalité*.   La tonalité.

Il réside dans les affinités qui résultent de la parenté des sons.

120. Cette parenté des sons ressort de la nature même du son considéré
dans le phénomène de sa production.

Voici en quoi consiste ce phénomène (1).

Le son est, comme nous le savons, le résultat des vibrations d'un corps   Phénomène
sonore.   de la
                                                                          résonnance
Or, tout corps sonore mis en vibration produit, outre un son principal   des
(le seul qui, en raison de sa prédominance, soit apprécié par une oreille peu corps sonores.
exercée), d'autres sons beaucoup plus faibles.

Ces sons, très-délicats, qui prennent naissance avec le son principal qu'ils   Sons
accompagnent et avec lequel ils viennent, pour ainsi dire, se confondre, se harmoniques.
nomment sons *harmoniques* ou *concomitants* (accompagnants).

Les sons harmoniques sont à la 12° juste et à la 17° majeure au-dessus du
son principal.

EXEMPLE :

(1) Nous ne présentons ici que les points saillants du phénomène de la *résonnance*. D'ailleurs
est-il besoin de faire observer que nous ne prétendons pas voir dans le système de sons qui constituent notre gamme une conséquence forcée, inévitable du phénomène de la résonnance. Nous
avons voulu seulement, dans cette étude, rechercher la raison d'être de notre tonalité, mettre en
lumière les rapports qu'ont entre eux les sons dont elle est formée, parenté d'où résulte la supériorité
de cette famille de sons sur toute autre combinaison que l'imagination pourrait créer, et qui met la
base même de la musique à l'abri des caprices journaliers de la fantaisie.

Intervalles qui, par le rapprochement des sons, deviendraient tierce majeure et quinte juste.

EXEMPLE :

tierce majeure ($\frac{?}{?}$) quinte juste

Accord parfait. Quand, imitant la nature, l'art marie avec un son quelconque deux autres sons qui en répètent les harmoniques, il en résulte un ensemble qui fait sur notre oreille une impression complétement satisfaisante, et auquel on donne le nom d'*accord parfait*.

EXEMPLE :

Accord parfait   ou bien

Formation de la gamme diatonique. Voici déjà trois sons ayant entre eux les affinités les plus directes, les rapports les plus parfaits. Mais, si agréable que soit l'émission simultanée ou successive de ces trois sons, leur unique reproduction eût fait naître une réelle *monotonie* (1), et, à eux seuls, ils ne pouvaient constituer une échelle musicale. Il fallut donc leur adjoindre de nouveaux sons qui, tout en étendant le système, ne vinssent pas en rompre l'harmonie.

Pour remplir ces conditions, les nouveaux sons devaient nécessairement se rattacher aux premiers; et c'est en effet ce qui a lieu pour notre gamme, ainsi qu'on va le voir.

Supposons, par exemple, la note *ut* prise comme son primordial; cet *ut* fera résonner ses harmoniques *mi* et *sol*.

EXEMPLE :

Or, le *sol*, quinte juste de notre *ut*, et *produit par lui*, étant pris, à son tour, comme son générateur, sera accompagné des harmoniques *si* et *ré*.

EXEMPLE :

Ce qui nous fait UT, *mi*, SOL, *si*, *ré*.

(1) Du grec *monos*, un seul; *tonos*, ton.

Mais si le son *ut* produit *sol*, sa quinte (sa 12ᵉ) supérieure, on peut le considérer lui-même comme engendré par un son placé une quinte (une 12ᵉ) au-dessous de lui, c'est-à-dire par *fa*, dont les harmoniques sont *la* et *ut*. On a ainsi la formule suivante :

EXEMPLE :

donnant les notes FA, *la*, UT, *mi*, SOL, *si*, *ré*.

Ces notes rapprochées le plus possible les unes des autres, forment une succession conjointe qui n'est autre que notre gamme d'*ut*.

EXEMPLE :

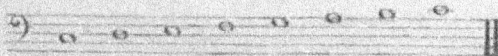

Des deux harmoniques, on a pris la quinte, et non la tierce, pour nouveau son générateur, parce que la tierce aurait fourni des harmoniques dont l'adjonction eût fait sortir du genre diatonique (le plus simple des trois genres, celui dont nous nous occupons ici) : par exemple *mi*, tierce du son *ut*, eût donné par la résonnance *sol* ♯, et nous avions *sol* naturel dans la résonnance de cet *ut* primordial.

La gamme d'*ut* est donc le produit des trois sons *fa*, *ut*, *sol*, puisque ces trois sons, avec leurs harmoniques, forment exclusivement l'ensemble des sons qui constituent le ton d'*ut* (1).

121. Chaque gamme ou ton a, ainsi que la gamme d'*ut*, ses trois sons *Notes tonales.* générateurs présentant toujours entre eux les rapports que nous venons

_____

(1) Observons d'ailleurs qu'on n'aurait pu augmenter le nombre des notes de la gamme sans sortir du genre diatonique, puisqu'une *triade* de plus, d'un côté ou de l'autre, produirait des sons en rapport chromatique avec ceux déjà existants.

EXEMPLE :

La gamme diatonique est donc *nécessairement* limitée à *sept notes fournies par trois triades* s'échelonnant par quintes justes.

La progression de quintes justes est le principe générateur de la tonalité, ainsi que des intervalles, en un mot de tout notre système musical. La note F placée à la fin du volume, sur la mesure des demi-tons, offre de ceci une démonstration rigoureuse.

d'observer; c'est-à-dire : le son primordial (celui qui donne son nom à la gamme), sa quinte supérieure, et sa quinte inférieure (1).

Ces trois sons générateurs du ton sont appelés *notes tonales.*

Division de la gamme en deux tétracordes.

122. La gamme, prise dans l'étendue d'une octave, peut se diviser en deux moitiés exactement semblables.

EXEMPLE :

Gamme d'*ut.*

1 ton.	1 ton.	1/2 ton.		1 ton.	1 ton.	1/2 ton.
ut	ré	mi	fa	sol	la	si ut

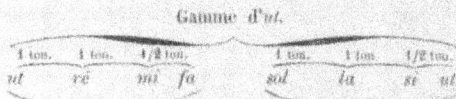

Chacune de ces deux demi-gammes, étant formée de quatre sons, est nommée *tétracorde* (du grec *tétra*, quatre; *chordé*, corde).

On remarquera que ces tétracordes commencent l'un et l'autre par une note tonale :

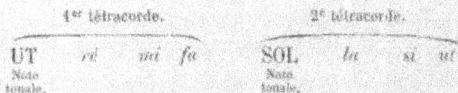

1er tétracorde.				2e tétracorde.			
UT Note tonale.	ré	mi	fa	SOL Note tonale.	la	si	ut

Fonctions des divers degrés de la gamme; noms qu'ils reçoivent.

123. Chaque degré d'une gamme diatonique est désigné soit par son numéro d'ordre, soit par un nom qualifiant la fonction qu'il y remplit.

Ainsi, la note sur laquelle la gamme est établie, la première note du ton (la note initiale du 1er tétracorde), se nomme *tonique.*

La cinquième note de la gamme, celle par laquelle commence le second tétracorde, est appelée *dominante,* en raison du rôle important qu'elle joue dans le ton.

Les autres degrés tirent leur nom de leur situation par rapport à ces deux points principaux.

EXEMPLE :

1er degré.	2e degré.	3e degré.	4e degré.	5e degré.	6e degré.	7e degré.
TONIQUE.	Sus-tonique.	Médiante.	Sous-dominante.	DOMINANTE.	Sus-dominante.	Note sensible ou sous-tonique.

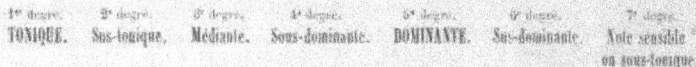

* NOTA. — Le septième degré, placé à un demi-ton de la tonique, a, dans son mouvement mélodique, une tendance prononcée à se porter vers cette dernière qu'il fait ainsi pressentir. Voilà pourquoi on l'appelle note *sensible,* ou, simplement *sensible.*

On verra (§ 163) dans quelle circonstance cette qualification de note sensible n'est pas applicable au septième degré.

(1) Quand on étudiera l'*harmonie*, on verra que tel est le principe des relations existant entre les accords appartenant à un même ton, et des rapports qui, dans la modulation, relient l'un à l'autre les divers tons; c'est-à-dire le fondement même de l'harmonie. (Voyez notre *Cours complet d'harmonie*, 1re partie, chap. II et VII.)

Il devait en être ainsi, puisque l'harmonie ressort, comme tout le système musical moderne, des lois de la tonalité.

RÉSUMÉ.

A. Les sons qui constituent un *ton* ou gamme *diatonique* sont au nombre de sept.

B. Ce système de sons est fourni par trois sons principaux (la 1re note du ton, sa 5te supérieure et sa 5te inférieure), à chacun desquels s'adjoignent *naturellement* deux autres sons, à la tierce et à la quinte juste supérieures.

Cela fait trois *triades* ou groupes de trois sons, donnant ensemble un total de 7 sons différents.

C. L'agrégation formée par chacune de ces triades est ce que l'on nomme *accord parfait*.

D. Le principe et le modèle d'une telle agrégation sont donnés par la nature elle-même, dans le phénomène de la résonnance des corps sonores.

E. Les trois triades qui constituent un ton ou gamme diatonique, naissent l'une de l'autre par progression de quintes justes : c'est-à-dire que la quinte de l'une devient la base de la suivante.

F. Tout autre son que les *sept* fournis par les trois triades constitutives, serait en rapport *chromatique* avec l'un ou l'autre de ceux-ci, et, en conséquence, ne pourrait concourir avec ces derniers à la formation d'une même gamme *diatonique*.

G. Les trois sons principaux, bases de ces triades, sont appelés *notes tonales*, parce qu'ils engendrent le ton.

H. Les notes tonales occupent, dans la gamme, le premier, le quatrième et le cinquième degré.

I. La gamme diatonique, prise dans l'étendue d'une octave, se partage en deux moitiés semblables.

J. On appelle *tétracorde* chacune de ces deux demi-gammes.

K. Chaque degré de la gamme, outre son numéro d'ordre, reçoit un nom marquant la fonction qu'il y remplit :

Le 1er degré se nomme TONIQUE ;
Le 2e — *sus-tonique* ;

Le 3e degré se nomme *médiante;*

Le 4e	—	*sous-dominante;*
Le 5e	—	DOMINANTE;
Le 6e	—	*sus-dominante;*
Le 7e	—	*note sensible* ou *sous-tonique.*

L. Les deux points principaux de la gamme sont la *tonique* et la *dominante*.

La *tonique* est la note initiale du 1er tétracorde;

La *dominante* est la note initiale du 2e tétracorde.

EXERCICES.

RÉPONDRE AUX QUESTIONS SUIVANTES.

(Sur les principes.)

De combien de sons une gamme diatonique est-elle formée? — A.

Expliquez la formation du système diatonique? — B.

Comment nomme-t-on une agrégation de trois sons formant entre eux une tierce majeure et une quinte juste? — C.

Où trouve-t-on le principe et le modèle de l'accord parfait? — D.

Quel rapport ont entre elles les trois triades (ou accords parfaits) constituant une gamme diatonique? — E.

Pourquoi une gamme diatonique ne se compose-t-elle que des sept sons fournis par les trois triades? — F.

Comment nomme-t-on les trois sons principaux, bases des trois triades constitutives d'un ton? — G.

Quel rang occupent les notes tonales parmi les divers degrés de la gamme? — H.

Comment partage-t-on la gamme diatonique, prise dans l'étendue d'une octave? — I.

Comment nomme-t-on chaque moitié de la gamme? — J.

Comment désigne-t-on chacun des degrés de la gamme? — K.

Quels sont, dans la gamme, les degrés principaux? — L.

(Sur l'application.)

Quelles sont les notes tonales du ton de..... ?

Les trois notes * * * étant données comme notes tonales, quel serait le ton?

Quelle est la tonique dans le ton de ..... ?

Quelle est la dominante dans le ton de .....?

Quelle est la note sensible dans le ton de .....?

Quelle est la médiante dans le ton de .....?

Questions analogues pour les autres degrés.

Quel serait le ton dont la dominante (ou tel autre degré) serait telle note?

ORDRE DE GÉNÉRATION ET ENCHAÎNEMENT DES TONS. — PROGRESSION DES ALTÉRATIONS CONSTITUTIVES.

124. Nous venons de voir que la gamme d'*ut* était exclusivement composée des notes fournies par les trois triades :

```
                          ré.
                          si.
                sol. . . . SOL.
                mi.
        ut. . . . UT.
        la.
        FA.
```

s'engendrant de quinte en quinte justes.

Or, si l'on prolonge, soit en montant, soit en descendant, cette progression de quintes justes, on voit apparaître de nouveaux sons étrangers à la gamme d'*ut*, et amenant de nouveaux tons.

Ainsi, le ton d'*ut* a pour voisins, d'un côté, le ton de *sol*, et, de l'autre, le ton de *fa* ; et l'on voit que, sur trois triades constitutives, chacun de ces tons en emprunte deux au ton voisin.

125. On comprend dès lors qu'un ton porte en lui le germe de deux autres tons, dont l'un est une quinte plus haut, et l'autre une quinte plus bas.

126. Si donc on poursuit la progression, on voit naître successivement les uns des autres tous les tons s'échelonnant de quinte en quinte.

Les divers tons s'enchaînent par quintes justes.

127. Naturellement les tons qui prennent des dièses suivent la progression ascendante ; et ceux qui prennent des bémols suivent la progression inverse.

Le ton d'*ut*, dont toutes les notes sont naturelles, forme la souche de ces deux familles de tons, le point central de ces générations successives.

Ceci est rendu sensible dans le tableau suivant, où sont présentés les éléments constitutifs des divers tons s'enchaînant les uns aux autres, suivant l'ordre de leur génération.

TABLEAU DE LA GÉNÉRATION ET DE L'ENCHAINEMENT DES TONS.

Ce tableau démontre donc que la progression par quintes justes est non-seulement le principe générateur du système diatonique, mais encore l'ordre dans lequel ce système se transpose pour constituer les *différents tons*.

Ordre de gé-
nération des
dièses, des
bémols, etc.

128. On y voit les dièses et les bémols constitutifs naître et se propager en vertu de cette progression. (Examiner à cet égard le tableau précédent.)

129. Cet ordre de génération des altérations constitutives peut encore être démontré de la manière suivante, dans laquelle on retrouve d'ailleurs le principe fondamental que nous venons d'exposer.

On remarque que toutes les notes naturelles, disposées par quintes, en partant de *fa* pour arriver jusqu'à *si*, forment une progression de quintes *justes*. Exemple :

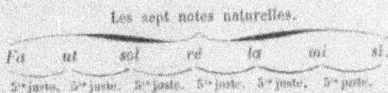

Les sept notes naturelles.

Fa   ut   sol   ré   la   mi   si.
5ᵉ juste. 5ᵉ juste. 5ᵉ juste. 5ᵉ juste. 5ᵉ juste. 5ᵉ juste.

Mais ici s'arrête la progression, et elle ne pourrait revenir sur elle-même, car la dernière note *si* produirait, avec la première note *fa*, l'intervalle de quinte *diminuée*. Exemple :

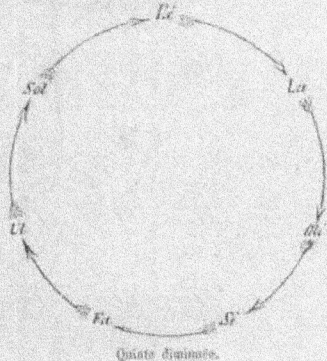

Quinte diminuée.

Or, si la progression de quintes justes doit dépasser le *si*, en montant, ou le *fa*, en descendant, elle amènera inévitablement, dans le premier cas, un *fa* ♯ (et le ton de *sol*) et, dans le second, un *si* ♭ (et le ton de *fa*), altérations nécessaires pour maintenir l'intervalle de quinte *juste* entre les notes *si* et *fa*.

EXEMPLE :

PROGRESSION PAR QUINTES JUSTES.

Les sept notes du ton de *fa*.

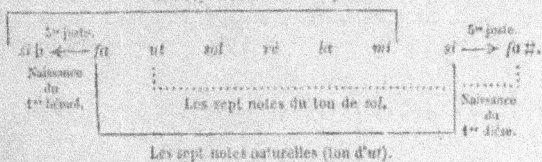

Les sept notes naturelles (ton d'*ut*).

Voilà pourquoi le premier des dièses constitutifs est toujours sur *fa*, et le premier des bémols sur *si*.

130. Ces deux altérations deviennent la racine de toutes les autres, car en poursuivant la progression, on verra se produire successivement, d'un côté, tous les dièses, puis les doubles dièses ; et de l'autre, tous les bémols, puis les doubles bémols.

EXEMPLE :

	etc.	
	fa triple dièse.	
	si ×	
	mi ×	
	la ×	
SÉRIE	*ré* ×	
des doubles dièses.	*sol* ×	
	ut ×	
	fa ×	
	si ♯	
	mi ♯	
	la ♯	
SÉRIE	*ré* ♯	
des dièses.	*sol* ♯	
	ut ♯	
	fa ♯	
	si	
	mi	
	la	
SÉRIE	*ré*	Progression de quintes justes.
des notes naturelles.	*sol*	
	ut	
	fa	
	si ♭	
	mi ♭	
	la ♭	
SÉRIE	*ré* ♭	
des bémols.	*sol* ♭	
	ut ♭	
	fa ♭	
	si ♭♭	
	mi ♭♭	
	la ♭♭	
SÉRIE	*ré* ♭♭	
des doubles bémols.	*sol* ♭♭	
	ut ♭♭	
	fa ♭♭	
	si triple bémol	
	etc.	

(C'est ce que l'on vient de voir, présenté sous une autre forme, dans le tableau de la génération des tons.)

Progression des dièses.

131. Les dièses constitutifs (ainsi que les tons qui les prennent) se produi-

sent donc de quinte en quinte justes, suivant l'ordre ascendant, *fa* ♯, *ut* ♯,
sol ♯, *ré* ♯, *la* ♯, *mi* ♯, *si* ♯.

EXEMPLE :

ton de Sol   ton de Ré   ton de La   ton de Mi   ton de Si   ton de Fa ♯   ton d'Ut ♯

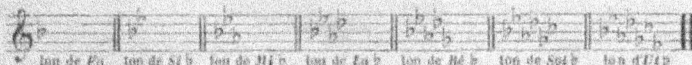

(Voyez le Tableau de la génération des tons.)

132. Les bémols constitutifs (ainsi que les tons qui les prennent) suivent Progression des bémols.
la marche inverse : de quinte en quinte justes, dans l'ordre descendant,
si ♭, *mi* ♭, *la* ♭, *ré* ♭, *sol* ♭, *ut* ♭, *fa* ♭ ; c'est la progression des dièses prise
en sens contraire.

EXEMPLE :

ton de Fa   ton de Si ♭   ton de Mi ♭   ton de La ♭   ton de Ré ♭   ton de Sol ♭   ton d'Ut ♭

(Voyez le Tableau de la génération des tons.)

133. L'armure de la clef étant donnée, on connaîtra facilement le ton du Comment on reconnaît le ton par l'armure de la clef.
morceau.

A cet effet, il suffit de remarquer :

1° Que le dernier des dièses qui arment la clef est toujours sur la note
sensible ; la tonique cherchée est donc la note placée un degré au-dessus.

EXEMPLES : Dièse unique sur *fa*, tonique *sol*. Dernier dièse sur *ut*, tonique
ré, etc.

2° Que le dernier des bémols dont la clef est armée affecte toujours la
sous-dominante ; il faut donc chercher la tonique quatre degrés au-dessous
de ce dernier bémol (1).

EXEMPLES : Bémol unique sur *si*, tonique *fa*. Dernier bémol sur *mi*,
tonique *si* ♭, etc.

134. Réciproquement, le ton étant proposé, il est facile de trouver quelle Comment on connaît quelle doit être l'armure pour un ton proposé.
doit être, pour ce ton, l'armure de la clef.

Ainsi, on demande quelle doit être l'armure de la clef pour le ton de *la ?*

Nous savons que *sol* ♯, note sensible de *la*, est le dernier des dièses qui
doivent armer la clef pour le ton de *la*. Or, le *sol dièse* occupant le troisième

(1) Il y a à ces deux règles une exception signalée au § 169.

rang dans la progression des dièses, l'armure de la clef se composera des trois dièses, *fa*, *ut*, *sol*.

EXEMPLE :

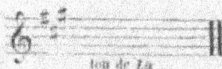

ton de La

Autre exemple : on veut savoir quelle est l'armure de la clef pour le ton de *ré* b ?

Ici la note sensible étant *ut naturel*, il n'y aura pas de dièses à la clef, mais des bémols.

Le dernier des bémols est sur le quatrième degré, qui, dans le ton de *ré*, est *sol*. Or, le *sol* b arrivant le cinquième dans l'ordre de progression des bémols, l'armure de la clef se composera des cinq bémols *si*, *mi*, *la*, *ré*, *sol*.

EXEMPLE :

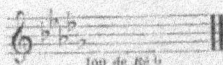

ton de Ré b

Autre moyen. 135. D'ailleurs on a vu, au tableau de la génération des tons, que d'autant de quintes un ton est élevé au-dessus du ton naturel, autant il prend de dièses ; et que d'autant de quintes il lui est inférieur, autant il prend de bémols (page 104).

Pour savoir quelle doit être l'armure, il n'y a donc qu'à compter le nombre de ces quintes ; ce sera celui des dièses, si le ton naît de la progression ascendante ; et celui des bémols, si le ton résulte de la progression descendante.

Ainsi, le ton de *si*, étant cinq quintes *au-dessus* du ton d'*ut*
$\left(\text{UT} \underset{1}{\ sol\ } \underset{2}{\ ré\ } \underset{3}{\ la\ } \underset{4}{\ mi\ } \underset{5}{\ \text{SI}\ }\right)$, prend 5 dièses ; et le ton de *la* b, étant quatre quintes au-dessous $\left(\text{UT} \underset{1}{\ fa\ } \underset{2}{\ si\flat\ } \underset{3}{\ mi\flat\ } \underset{4}{\ \text{LA}\flat}\right)$, exige 4 bémols.

Nombre des tons. 136. Résumons. Les tableaux précédents nous montrent : 1° un ton modèle, le ton d'*ut*, ne prenant aucune altération constitutive ; 2° sept tons avec des dièses, depuis un jusqu'à sept, à partir du ton de *sol* jusqu'au ton d'*ut dièse* ; 3° sept tons avec des bémols, depuis un jusqu'à sept, à partir du ton de *fa* jusqu'au ton d'*ut bémol* ; en tout, quinze tons.

On comprend qu'arrivé à ce terme de sept dièses ou de sept bémols, où chacune des sept notes est altérée de la même manière, on retrouve une gamme d'*ut*, mais d'*ut* altéré : *ut* #, *ut* b.

137. On pourrait prendre le ton d'*ut* ♯, ou le ton d'*ut* ♭, comme point de départ de nouvelles séries de gammes, dans lesquelles devraient intervenir soit les doubles dièses, soit les doubles bémols, lesquels joueraient, à l'égard des notes simplement diésées ou bémolisées, le rôle que celles-ci remplissaient dans les gammes précédentes, par rapport aux notes naturelles.

Ces nouvelles gammes, plus élevées ou plus graves d'un demi-ton que leurs homonymes de l'ordre précédent, et prenant en conséquence les unes sept dièses, les autres sept bémols de plus que celles-ci, se présenteraient naturellement dans le même ordre : d'un côté, les tons de *sol* ♯, *ré* ♯, *la* ♯ et la suite de la série ; de l'autre, les tons de *fa* ♭, *si* ♭♭, *mi* ♭♭, etc. (1).

138. Mais ces tons reculés ne forment jamais le ton principal d'un morceau (on a vu, § 65, qu'on n'armait pas la clef de doubles dièses ni de doubles bémols) ; ils ne peuvent apparaître qu'amenés passagèrement par quelques modulations, et encore cela n'arrive-t-il que rarement, le compositeur préférant substituer à ces tons compliqués leurs *tons synonymes*, dont nous allons parler, et dont l'aspect est beaucoup plus simple.

Cependant, au point de vue de la théorie, il est indispensable de mentionner ces tons insolites, puisqu'ils surviennent quelquefois, et que d'ailleurs l'analyse de la modulation les fait découvrir sous le déguisement que l'enharmonie peut leur prêter.

139. En admettant, comme on le fait dans la pratique, le système du tempérament, on peut réduire à 12 le nombre des tons réellement différents.

Cette simplification se fait au moyen des rapports enharmoniques.

C'est ainsi qu'au lieu du ton de *sol* ♯, avec huit dièses (un double et six simples), on peut prendre le ton de *la* ♭, avec quatre bémols.

Tons dans lesquels les altérations constitutives dépassent les sept dièses ou les sept bémols.

Simplification du système.

Tons synonymes ou enharmoniques.

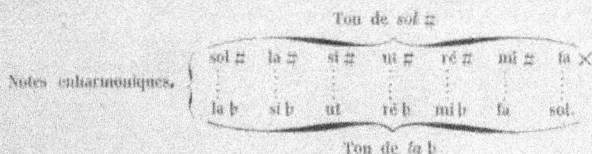

Ton de sol ♯

Notes enharmoniques,

sol ♯	la ♯	si ♯	ut ♯	ré ♯	mi ♯	la ×
la ♭	si ♭	ut	ré ♭	mi ♭	fa	sol.

Ton de la ♭

(1) Il y a un moyen bien simple de connaître quel serait le ton avec un nombre donné très-grand d'altérations constitutives. C'est de voir combien de fois 7 est contenu dans ce nombre donné ; l'excédant formerait l'armure de la clef pour le ton simple, et le nombre de fois 7 représenterait le nombre de demi-tons chromatiques dont la tonique cherchée serait distante de ce ton simple.

Veut-on savoir, par exemple, en quel ton on serait avec 10 dièses ?

10 contenant *une fois* 7 plus 3, on serait un demi-ton chromatique au-dessus du ton qui prend 3 dièses (le ton de *la*), c'est-à-dire en *la* ♯.

Ou quel serait le ton avec 16 bémols ?

16 contenant *deux fois* 7 plus 2, on serait en conséquence *deux* demi-tons chromatiques au-dessous du ton qui prend deux bémols (le ton de *si* ♭), c'est-à-dire en si triple bémol. Il est inutile d'ajouter que de semblables tons n'existent pas dans la pratique.

On appelle *tons enharmoniques* les tons entre lesquels une telle coïncidence existe.

Les tons enharmoniques susceptibles d'être écrits (1) sont indiqués dans le tableau suivant.

TABLEAU DES TONS ENHARMONIQUES.

Nombre des altérations constitutives.	Toniques.	Toniques.	Nombre des altérations constitutives.
14 dièses (7 doubles)....	UT × Enharmonie.	RÉ....	2 dièses.
13 dièses (6 d. et 1 simple).	FA ×	SOL....	1 dièse.
12 dièses (5 d. et 2 s.).	SI #	UT....	0
11 dièses (4 d. et 3 s.).	MI #	FA....	1 bémol.
10 dièses (3 d. et 4 s.).	LA #	SI♭..	2 bémols.
9 dièses (2 d. et 5 s.).	RÉ #	MI♭..	3 bémols.
8 dièses (1 d. et 6 s.).	SOL #	LA♭..	4 bémols.
7 dièses..........	UT #	RÉ♭..	5 bémols.
6 dièses..........	FA #	SOL♭..	6 bémols.
5 dièses..........	SI	UT♭...	7 bémols.
4 dièses..........	MI	FA♭...	8 bémols (1 d. et 6 s.).
3 dièses..........	LA	SI♭♭..	9 bémols (2 d. et 5 s.).
2 dièses..........	RÉ	MI♭♭..	10 bémols (3 d. et 4 s.).
1 dièse..........	SOL	LA♭♭..	11 bémols (4 d. et 3 s.).
0	UT	RÉ♭♭..	12 bémols (5 d. et 2 s.).
		SI #...	12 dièses (5 d. et 2 s.).
1 bémol..........	FA	MI #...	11 dièses (4 d. et 3 s.).
2 bémols..........	SI♭	LA #...	10 dièses (3 d. et 4 s.).
3 bémols..........	MI♭	RÉ #...	9 dièses (2 d. et 5 s.).
4 bémols..........	LA♭	SOL #..	8 dièses (1 d. et 6 s.).
5 bémols..........	RÉ♭	UT #...	7 dièses.
6 bémols..........	SOL♭	FA #...	6 dièses.
7 bémols..........	UT♭	SI....	5 dièses.
8 bémols (1 d. et 6 s.).	FA♭	MI....	4 dièses.
9 bémols (2 d. et 5 s.).	SI♭♭	LA....	3 dièses.
10 bémols (3 d. et 4 s.).	MI♭♭	RÉ....	2 dièses.
11 bémols (4 d. et 3 s.).	LA♭♭	SOL....	1 dièse.
12 bémols (5 d. et 2 s.).	RÉ♭♭	UT....	0
13 bémols (6 d. et 1 s.).	SOL♭♭	FA....	1 bémol.
14 bémols (7 doubles).	UT♭♭	SI♭....	2 bémols.

(Progression ascendante — Progression descendante; Par l'enharmonie, par 12 tons, les plus éloignés, rejoignent tous les autres.)

Nombre des altérations par lesquelles diffèrent les tons enharmoniques.   **140.** On a dû voir, dans le tableau précédent, que les tons enharmoniques se trouvent à douze quintes l'un de l'autre, en les prenant dans la même colonne.

(1) Il y a 7 notes naturelles, 7 notes diésées, 7 bémolisées, 7 doublement diésées, 7 doublement bémolisées, ce qui fait en total de 35 notes. Chacune de ces notes étant prise pour tonique, cela donnerait 35 tons. Mais de ce nombre il faudra exclure tous les tons dans lesquels interviendraient les *triples dièses* ou les *triples bémols*, puisque de semblables altérations ne sont pas admises dans la pratique, et qu'il n'y a pas de signes graphiques pour les représenter. Cela restreint à 29 le nombre des tons susceptibles d'être écrits. (Voyez le tableau.)

Or, au moyen de l'enharmonie, on pourra limiter à 12 le nombre des tons réellement différents, car, d'après le système du *tempérament*, toutes les notes possibles, dans l'étendue d'une octave, sont exprimées au moyen de 12 sons seulement (§ 79).

Or on sait que, sur l'échelle de la génération des tons, monter d'une quinte, c'est ajouter un dièse ou retrancher un bémol ; qu'au contraire, descendre d'une quinte, c'est ajouter un bémol ou retrancher un dièse (§ 127) ; donc les tons enharmoniques, étant éloignés de douze quintes, auront entre eux une différence de douze altérations.

141. Il suit de là que les altérations constitutives d'un ton, additionnées avec les altérations inverses du ton enharmonique, produisent toujours le nombre douze. Ainsi, le ton de *fa* #, qui prend six dièses, a pour enharmonique le ton de *sol* b, qui a six bémols (somme totale, 12) ; le ton de *ré* b, qui prend cinq bémols, a pour enharmonique le ton d'*ut* #, qui prend sept dièses (total, 12). (Voyez, dans le tableau précédent, les altérations constitutives des tons enharmoniques placés en regard.)

On connaît l'un par l'autre les tons enharmoniques.

Cette importante remarque dispense d'apprendre le tableau des tons enharmoniques, puisque, les altérations constitutives d'un ton étant données, on connaît par elles les altérations constitutives du ton enharmonique.

La figure suivante montre clairement l'enchaînement des tons et leurs rapports enharmoniques.

NOTA. — Dans cette figure, chaque ton est simplement indiqué par sa tonique, et l'accolade marque les tons enharmoniques.

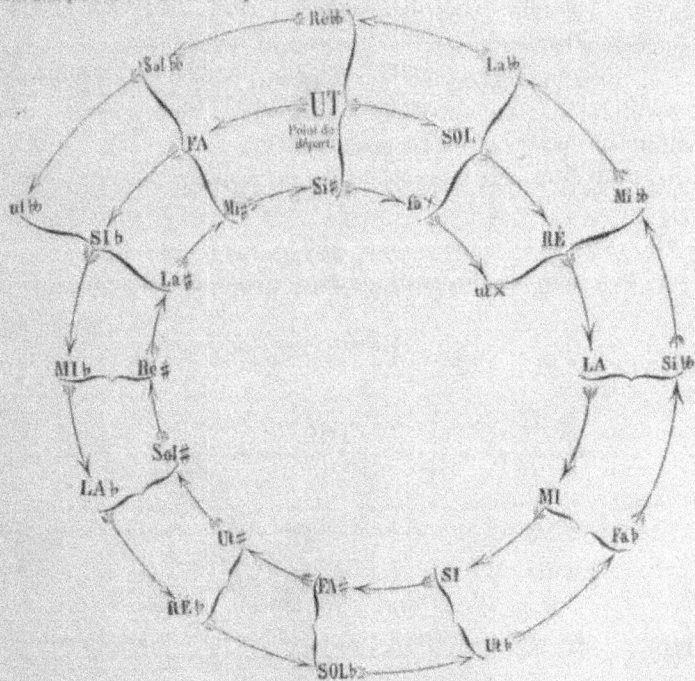

RÉSUMÉ.

A. Les tons s'engendrent et s'enchaînent suivant une progression de quintes justes.

B. La progression est ascendante, c'est-à-dire établie selon l'ordre ascendant des notes, pour les tons qui prennent des dièses; elle suit la marche inverse pour ceux qui prennent des bémols.

C. En partant du ton d'*ut*, les tons avec des dièses sont, dans l'ordre de leur génération, ceux de *sol*, de *ré*, de *la*, de *mi*, de *si*, de *fa* ♯, d'*ut* ♯.

D. En partant du ton d'*ut*, les tons avec des bémols sont ceux de *fa*, de *si* ♭, de *mi* ♭, de *la* ♭, de *ré* ♭, de *sol* ♭, d'*ut* ♭.

E. Le ton d'*ut*, qui n'a aucune altération, est le type et la souche des autres tons; il occupe le milieu, forme le point de jonction entre les tons avec dièses et ceux avec bémols.

F. Ainsi que les tons qui les réclament, les dièses constitutifs se produisent de quinte en quinte, en montant, et les bémols constitutifs de quinte en quinte en descendant.

G. La série des dièses est *fa* ♯, *ut* ♯, *sol* ♯, *ré* ♯, *la* ♯, *mi* ♯, *si* ♯.

H. Celle des bémols est *si* ♭, *mi* ♭, *la* ♭, *ré* ♭, *sol* ♭, *ut* ♭, *fa* ♭.

I. Prises en sens inverse, ces deux séries sont identiques.

EXEMPLE :

Série des dièses.
7ᵉ	si	1ᵉʳ
6ᵉ	mi	2ᵉ
5ᵉ	la	3ᵉ
4ᵉ	ré	4ᵉ
3ᵉ	sol	5ᵉ
2ᵉ	ut	6ᵉ
1ᵉʳ	fa	7ᵉ
Série des bémols.

J. Le premier des dièses est sur *fa*, et le premier des bémols sur *si*, parce que l'une ou l'autre de ces altérations (selon le point de départ) est nécessaire pour rendre *juste* la quinte existant entre les notes *si* et *fa*; tandis que toutes les autres notes forment entre elles l'intervalle de quinte juste sans le secours d'aucune altération.

K. Partant de ce *fa ♯* ou de ce *si ♭*, la progression de quintes justes amènera successivement tous les autres dièses et tous les autres bémols, puis les doubles dièses et les doubles bémols.

L. On connaît le ton par ses altérations constitutives.

Quand ce sont des dièses, la tonique (sauf une exception dont nous parlerons au § 169) est un degré (un demi-ton diatonique) au-dessus du dernier dièse de l'armure.

Quand ce sont des bémols, la tonique (sauf l'exception signalée ci-dessus) est quatre degrés au-dessous du dernier bémol de l'armure.

M. On reconnaîtra promptement quelles doivent être les altérations constitutives pour un ton donné, en se rappelant :

1° Que les tons qui, dans l'ordre de leur génération (la progression de quintes justes), sont au-dessus du ton naturel, prennent des dièses, et que ceux qui sont au-dessous prennent des bémols.

2° Que le nombre des dièses constitutifs égale le nombre de quintes justes dont le ton est élevé au-dessus du ton naturel.

Et que le nombre des bémols constitutifs égale le nombre de quintes justes dont le ton est abaissé au-dessous du ton naturel.

Enfin une indication bien claire peut encore être fournie par la situation connue du dernier dièse ou du dernier bémol par rapport à la tonique :

Si le ton prend des dièses, le dernier portera sur la septième note de la gamme (sauf l'exception indiquée au § 169).

Si le ton prend des bémols, le dernier portera sur la quatrième note de la gamme (sauf l'exception § 169).

Or, le dernier dièse ou le dernier bémol étant connu, on sait, par le rang qu'il occupe dans l'ordre de succession de ces altérations, combien on en a.

N. On appelle *tons enharmoniques* les tons dont les degrés correspondants sont formés de notes synonymes.

O. Les tons enharmoniques se trouvent à une distance de douze quintes justes dans l'ordre de leur génération, et ils diffèrent en conséquence par douze altérations constitutives.

P. Les altérations constitutives d'un ton étant données, il suffit, pour connaître celles du ton enharmonique, d'ajouter aux premières ce qu'il faut pour faire *douze*. Le nombre ajouté sera celui des altérations, en signes contraires, que réclame le ton enharmonique. Ainsi le ton qui prend trois dièses aura pour enharmonique celui qui prend neuf bémols; le ton qui prend quatre bémols aura pour enharmonique celui qui réclame huit dièses.

Q. Au moyen de l'enharmonie, douze tons suffisent à exprimer tous les autres, quels qu'ils soient.

EXERCICES.

RÉPONDRE AUX QUESTIONS SUIVANTES.

(Sur les principes.)

Dans quel ordre s'engendrent et s'enchaînent les différents tons? — A.

Les tons qui prennent des dièses et ceux qui prennent des bémols progressent-ils de la même manière? — B.

*Nommez dans l'ordre de leur génération les tons avec des dièses, en partant du ton d'*ut. *— C.*

*Nommez dans l'ordre de leur génération les tons avec des bémols, en partant du ton d'*ut. *— D.*

*Quel est le rôle et quelle est la situation du ton d'*ut *par rapport aux autres tons? — E.*

Dans quel ordre se produisent les dièses et les bémols constitutifs? — F.

Quelle est la série des dièses? — G.

Quelle est celle des bémols? — H.

Quelle remarque peut-on faire sur ces deux séries comparées l'une à l'autre? — I.

Pourquoi le premier des dièses est-il toujours sur fa *et le premier des bémols sur* si? *— J.*

ro,

Comment s'engendrent les autres altérations ? — K.

Les altérations constitutives étant données, comment font-elles tout de suite connaître le ton ? — L.

Un ton étant donné, comment peut-on connaître facilement les altérations constitutives qu'il réclame ? — M.

Qu'est-ce que les tons synonymes ou enharmoniques ? — N.

Par combien d'altérations constitutives les tons enharmoniques diffèrent-ils l'un de l'autre ? — O.

Les altérations constitutives d'un ton étant données, comment connaît-on celles du ton enharmonique ? — P.

Avec le secours de l'enharmonie, à combien peut être limité le nombre des tons réellement différents ? — Q.

(Sur l'application.)

Quels sont, dans l'ordre de leur génération, les tons voisins de tel ton ?

Quel est le premier des dièses constitutifs ? Quel est le 2ᵉ, etc., etc., le 7ᵉ ?

Quel est le premier des bémols constitutifs ? Quel est le 2ᵉ, etc., etc., le 7ᵉ ?

Quel est le dernier dièse (ou bémol), quand il y en a tel nombre ?

Combien y a-t-il de dièses (ou de bémols) constitutifs, quand le dernier est sur telle note ?

Sur quelle note se pose le premier double dièse ? le dernier ?

Sur quelle note se pose le premier double bémol ? le dernier ?

Quel serait le ton avec tel nombre de dièses ?

Quel serait le ton avec tel nombre de bémols ?

Quelles seraient les altérations constitutives pour tel ton ?

Indiquez les tons enharmoniques de tel ton !

Quelles seraient les altérations constitutives dans le ton enharmonique de celui qui prend tel nombre de dièses ? de celui qui prend tel nombre de bémols ?

EXERCICES PRATIQUES.

Continuer les dictées.

V.

DES MODES.

142. Nous n'avons présenté jusqu'ici la gamme diatonique que sous une seule forme, c'est-à-dire avec deux demi-tons placés, l'un du 3ᵉ au 4ᵉ degré, et l'autre du 7ᵉ au 8ᵉ.

Cependant il y a, pour la gamme diatonique, une seconde manière d'être dans laquelle les demi-tons occupent d'autres positions.

Définition.   143. On appelle *mode* la manière d'être de la gamme diatonique.

Mode majeur et mode mineur.   144. Il y a donc deux modes : l'un est qualifié de *majeur*, l'autre de *mineur* (nous verrons tout à l'heure la raison de ces expressions).

La gamme diatonique que nous avons étudiée est de mode majeur. C'est la plus naturelle.

La gamme de mode mineur est un produit plus artificiel et moins régulier (1).

Constitution des modes.   145. Nous savons comment est formée l'échelle diatonique ; trois accords parfaits s'échelonnant par quintes justes en fournissent tous les sons.

Or, dans le mode majeur, chacun de ces trois accords parfaits constitutifs est *majeur*, c'est-à-dire composé d'une tierce *majeure* et d'une quinte *juste*.

EXEMPLE :

Les trois triades constitutives d'*ut* majeur.

Tandis que dans le mode mineur, les accords parfaits constitutifs sont *mineurs*, c'est-à-dire que le son qui forme la tierce de la note tonale est abaissée.

_____

(1) La gamme mineure, telle que nous la pratiquons, participe à la fois du genre diatonique et du genre chromatique (§ 152), et si elle est appelée diatonique, c'est à cause de la prédominance du genre diatonique.

et ne donne avec cette note qu'une tierce *mineure*, les quintes restent justes (1).

Les trois triades constitutives d'*ut* mineur.

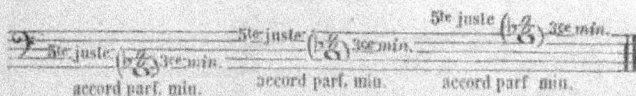

146. La nature de la tierce des notes tonales constitue donc celle du mode, et les notes qui produisent cette tierce sont appelées *notes modales*.

Ton d'UT.

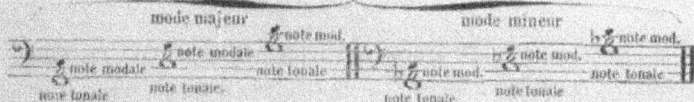

Voilà pourquoi les modes sont qualifiés, l'un de majeur, l'autre de mineur.

Ces deux formules donnent, la première, la gamme de mode majeur que nous connaissons,

et sur laquelle il est inutile de revenir ; la seconde, la gamme mineure, que nous allons étudier.

147. Replaçons d'abord sous les yeux cette formule mineure :

tonique

_____

(1) L'accord parfait est formé de deux tierces superposées. Dans l'accord majeur, la première tierce est majeure et la seconde tierce mineure ; dans l'accord mineur, la première tierce est mineure et la seconde tierce majeure. Ce n'est donc qu'une transposition dans l'ordre des tierces.

Voici la gamme qui en résulterait :

Ton d'Ut.

Gamme de mode mineur, sans altérations accidentelles.

Cette gamme a deux demi-tons placés du 2e au 3e degré, et du 5e au 6e.

148. Dans cet état, la gamme mineure découle régulièrement de son principe, et elle est complétement diatonique. Mais on doit remarquer qu'elle est formée exactement des mêmes sons qui, dans le mode majeur, constituent une autre gamme (*mi* ♭ majeur, par rapport à l'exemple ci-dessus).

EXEMPLE :

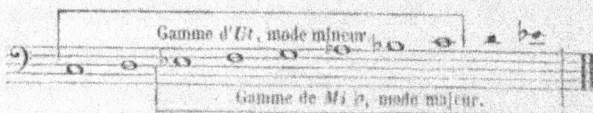

Gamme d'*Ut*, mode mineur

Gamme de *Mi* ♭, mode majeur.

Ce double rôle des mêmes sons pourrait donc parfois rendre la tonalité équivoque, si un indice quelconque ne venait faire disparaître toute ambiguïté.

Note sensible. 149. Pour cela, on a imaginé d'appliquer une altération ascendante au septième degré de la gamme mineure, de manière à le placer à un demi-ton de la tonique. Altéré de la sorte, ce septième degré tend, dans son mouvement mélodique, à se porter sur la tonique (§§ 74 et 75) qu'il fait ainsi pressentir (1); c'est pourquoi il prend alors le nom de *note sensible* (§ 123) (2).

NOTA. — La note sensible, qui est *artificielle* dans le mode mineur, entre diatoniquement dans le mode majeur.

Gamme mineure avec note sensible. 150. Par suite de cette altération, la gamme mineure prend trois demi-tons placés du 2e au 3e degré, du 5e au 6e, et du 7e au 8e.

EXEMPLE :

Ton d'*Ut*.

note sensible

(1) Quand on étudiera l'harmonie, on reconnaîtra que cette tendance attractive résulte surtout des rapports harmoniques des sons. (Voyez *Accord de septième de dominante*, dans le *Traité d'harmonie* de Fétis, ou dans notre *Cours complet d'harmonie*.)

(2) On verra ci-après (§ 173) qu'indépendamment de la signification qu'apporte la présence de la note sensible du ton mineur, le sens tonal de la phrase résulte encore de la manière dont sont groupés les sons qui la composent.

151. Il n'y a plus maintenant de confusion possible ; c'est bien ici la gamme d'*ut*, mode mineur ; l'équivoque avec l'autre gamme a disparu (1). Mais cet avantage n'est acquis qu'au moyen d'une opération qui a amené dans la constitution de la gamme mineure une grave perturbation.

En effet, l'altération qui fournit la *note sensible* portant sur une des trois notes modales, la place en désaccord avec les deux autres, et brise l'uniformité des rapports qui relient entre eux les éléments du mode.

EXEMPLE :

Éléments de la gamme mineure
état normal.

Éléments de la gamme mineure
avec note sensible.

Ton d'*ut*

Les 3 triades mineures.

Triades *mineures.*

Triade
maj.

152. Il résulte de ce rapport contradictoire, de cette *fausse relation*, un intervalle défectueux dans la gamme (2), puisque, du sixième au septième degré, il faut compter maintenant une seconde augmentée, c'est-à-dire un intervalle formé d'un ton et d'un demi-ton *chromatique*, intervalle d'une intonation difficile, et dont la composition révèle d'ailleurs la présence d'une note chromatique ou étrangère à la tonalité. (N'oublions pas que le demi-ton chromatique a nécessairement une note chromatique, § 70.)

Cette note étrangère à la tonalité est précisément l'altération que nous avons introduite, d'où il suit que la gamme mineure avec note sensible *participe du genre chromatique*.

153. Pour obvier à ce défaut, l'introduction d'un intervalle chromatique (la seconde augmentée) dans une gamme diatonique, et pour écarter la diffi-

(1) On remarquera que l'altération qui produit la note sensible détruit complétement tout sentiment de l'autre ton, car cette altération porte sur la note qui, dans cet autre ton, serait le 5° degré (la *dominante*, l'une des trois notes tonales, c'est-à-dire constitutives du ton).

EXEMPLES :

Ton d'*Ut*,
mode mineur.

Ton de *Mi♭*,
mode majeur.

(2) Pour ne parler que des intervalles donnés par la succession conjointe.

culté que présente à la vocalisation un tel intervalle, on apporte quelquefois à la gamme mineure une autre modification dont nous allons parler.

La gamme doit être considérée sous deux aspects : comme gamme ascendante et comme gamme descendante. Or, nous avons vu, § 75, que les altérations ascendantes tendent à monter, et, comme nous venons de le faire remarquer, tel est le principe de la note sensible ; tandis que les altérations descendantes tendent à descendre.

Gamme mineure avec deux altérations ascendantes.

Partant de là, pour éviter, dans la gamme mineure ascendante, la seconde augmentée existant entre le sixième degré et le septième rendu *note sensible*, on a pris le parti de placer une altération ascendante au sixième degré, comme on l'avait fait à l'égard du septième ; puis d'enlever ces deux altérations dans la gamme descendante, en lui restituant alors tous les sons qui constituent le mode dans son intégrité.

EXEMPLE :

Ton d'UT.

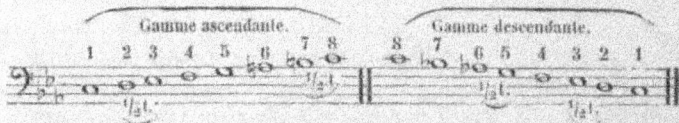

154. Comme l'indique cet exemple, il n'y a plus ici que deux demi-tons.

L'un de ces demi-tons est placé du 2e au 3e degré, dans la gamme ascendante comme dans la gamme descendante. Mais l'autre demi-ton change de position. En montant, il est placé du 7e au 8e degré ; en descendant, du 6e au 5e.

155. La gamme mineure construite de la sorte procède constamment par tons et par demi-tons diatoniques ; elle offre donc une mélodie facile et parfaitement vocale.

Les altérations ascendantes introduites dans la gamme montante en favorisent le mouvement mélodique, tandis que, par la suppression de ces altérations, la gamme descendante recouvre, avec sa régularité native, une tendance conforme à son mouvement.

Tels sont les avantages ; voyons maintenant les inconvénients.

156. On remarquera d'abord que, dans la gamme ascendante, la constitution du mode est ici profondément altérée ; car, sur trois notes modales, une seule indique le mineur, les deux autres rentrant dans le majeur, en vertu des altérations dont elles sont affectées.

Ton d'Ut.

EXEMPLE :

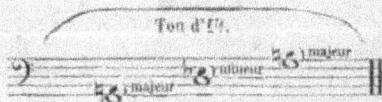

Sous ce rapport, le mal s'est donc accru, et une telle gamme sera nécessairement mixte, son premier tétracorde donnant le mode mineur, et son second tétracorde, le mode majeur.

EXEMPLE :

Si maintenant nous examinons la gamme descendante,

nous la trouvons entièrement conforme à son principe, mais retombant par là même (quoique d'une manière moins prononcée que cela aurait lieu pour la gamme ascendante) (1) dans l'équivoque que nous avons indiquée.

Mais il y a plus : si l'on oppose les sons de la gamme ascendante à ceux de la gamme descendante, on voit se produire, non plus seulement un, mais deux demi-tons *chromatiques* résultant des deux altérations étrangères à la constitution du mode.

EXEMPLE :

157. Résumons. Aucune manière de faire la gamme mineure n'est irréprochable :

1° La gamme mineure dépourvue de note sensible, tant en montant qu'en descendant, présente une équivoque qui l'a fait rejeter (2).

2° La gamme mineure, avec une seule altération produisant la note sensible, donne lieu à l'intervalle mélodique de seconde augmentée (3), et fait intervenir le genre chromatique dans une gamme diatonique.

(1) Dans la gamme descendante, l'altération ascendante du 7e degré n'a plus de raison d'être, puisque ce degré ne va plus directement à la tonique, mais qu'il descend au 6e degré.

(2) Une telle gamme, qui, autrefois, constituait un des modes du plain-chant, serait d'ailleurs en dehors des lois de l'harmonie moderne. (Voyez notre *Cours complet d'harmonie*.)

(3) La seconde augmentée n'est pas le seul intervalle d'une intonation difficile qui résulte de l'introduction de cette altération dans le mode mineur : ainsi, sur la *médiante*, la *note sensible* forme l'intervalle de 5te augmentée, et celui de 4te augmentée sur la *sous-dominante*. Il y a de plus les intervalles diminués, renversement de ceux-ci.

3° Enfin, dans la gamme mineure, avec le sixième et le septième degré élevés d'un demi-ton en montant, la constitution du mode est gravement altérée.

Cette échelle, qui offre un mélange des deux modes, n'est admissible qu'en raison des avantages qu'elle présente sous le rapport mélodique, quand les sons doivent se succéder conjointement et avec rapidité.

158. De ces trois manières de faire la gamme mineure, la première n'est pas employée dans notre musique moderne. Les deux autres sont également pratiquées, selon les circonstances, et suivant le goût du compositeur.

Intervalles formée par les notes modales sur la tonique.

159. Les notes modales occupent le 3e, le 6e et le 7e degré d'une gamme, et, considérées dans leur rapport avec la tonique, elles forment sur ce premier degré une tierce, une sixte et une septième, majeures ou mineures, selon la nature du mode qu'elles déterminent.

Notes modales réduites à deux.

160. Dans le mode mineur, l'altération par laquelle le septième degré est rendu *note sensible*, vient souvent annuler le caractère modal de ce degré, ce qui réduit à deux (la tierce et la sixte) les notes distinctives du mode.

Parallèle entre les deux modes.

161. Il est évident que, comparés l'un à l'autre, les deux modes ne diffèrent que par les notes modales, et que les autres degrés correspondants sont formés de sons identiques.

EXEMPLE :

* Les deux notes qui forment ici le septième degré ne sont identiques qu'en vertu de l'altération produisant la *note sensible* au mode mineur. Cette identité peut ne plus exister dans la gamme descendante, ainsi qu'on le voit dans notre exemple.

Pourquoi l'altération qui produit la note sensible, dans le mode mineur, n'est pas mise à la clef.

162. En raison de sa nature chromatique, l'altération qui produit la *note sensible*, dans le mode mineur, ne figure pas à l'armure de la clef ; mais on l'indique comme *accident* quand elle se présente (voyez l'exemple précédent).

D'ailleurs, on conçoit que l'instabilité de cette altération s'oppose à ce qu'elle soit traitée à la manière des altérations constitutives. (A plus forte raison en est-il ainsi à l'égard de l'altération ascendante qui affecte quelquefois le sixième degré de la gamme mineure.)

163. Privé de cette altération, le septième degré de la gamme mineure se trouve à un ton de la tonique ; alors il n'est plus *note sensible*, et il doit être désigné par le nom de *sous-tonique* (§ 123).

Quand le septième degré n'est pas note sensible.

164. Le mode mineur différant du mode majeur par trois sons (les notes modales) plus bas d'un demi-ton, il y aura pour un même ton une différence de trois altérations constitutives, selon le mode dans lequel il est présenté. Ainsi, un ton prendra, dans le mode mineur, trois bémols en plus ou trois dièses en moins qu'il n'aurait dans le mode majeur.

Comment l'armure de la clef diffère, pour le même ton, selon le mode.

EXEMPLES :

	Mode majeur.	Mode mineur.
Ton d'*Ut*.	Rien à la clef.	Trois bémols ajoutés. (Trois notes abaissées).
Ton de *La*.	Trois dièses.	Les dièses supprimés. (Trois notes abaissées.)
Ton de *Ré*.	Deux dièses.	Les deux ♯ supprimés. Un ♭ ajouté. (Trois notes abaissées.)
Ton de *Sol*.	Un dièse.	Le ♯ supprimé. Deux ♭ ajoutés. (Trois notes abaissées.)

etc., etc.

165. De même que la gamme majeure d'*ut* est le modèle des tons majeurs, de même la gamme mineure de *la* est le type des gammes mineures. En effet, cette gamme de *la* ne prend aucune altération constitutive, et, pour elle, comme pour la gamme d'*ut*, la clef n'est pas armée.

Modèle des tons mineurs.

166. Les tons et les altérations constitutives se succèdent et progressent pour le mode mineur, exactement comme pour le mode majeur : par dièses, de quinte en quinte en montant; par bémols, de quinte en quinte en descendant. Rapports enharmoniques analogues, etc. Nous n'insisterons donc pas sur ce point.

Progression des tons et des altérations constitutives pour le mode mineur.

TABLEAU

DE LA PROGRESSION DES TONS ET DE LEURS ALTÉRATIONS CONSTITUTIVES POUR LE MODE MINEUR.

Ton de *La*.

Ton de *Ré*.	Ton de *Mi*.
Ton de *Sol*.	Ton de *Si*.
Ton d'*Ut*.	Ton de *Fa* ♯.
Ton de *Fa*.	Ton d'*Ut* ♯.
Ton de *Si* ♭.	Ton de *Sol* ♯.
Ton de *Mi* ♭.	Ton de *Ré* ♯.
Ton de *La* ♭.	Ton de *La* ♯.

RÉSUMÉ.

A. Le *mode* est la manière d'être de la gamme diatonique.

B. Il y a pour la gamme diatonique deux manières d'être, c'est-à-dire *deux modes*.

C. L'un de ces modes est appelé *majeur*, et l'autre, *mineur*.

D. Le *mode majeur* est donné par trois *accords parfaits majeurs* établis sur les *notes tonales*.

(On appelle *accord parfait majeur* la réunion de trois sons, à la tierce l'un de l'autre, et formant une *tierce majeure* et une *quinte juste*.)

E. La gamme née de ces trois accords présente deux demi-tons, placés du 3e au 4e degré, et du 7e au 8e.

F. Le *mode mineur* est donné par trois *accords parfaits mineurs* établis sur les *notes tonales*.

(L'*accord parfait mineur* ne diffère de l'*accord parfait majeur* que par la *tierce*, qui est *mineure*.)

G. La tierce de chacun des trois accords constitutifs est donc, selon sa nature, ce qui distingue les deux modes.

H. Ces trois sons caractéristiques du mode sont appelés *notes modales*.

I. Les *notes modales* occupent les 3e, 6e et 7e degrés de la gamme.

J. Souvent, dans la gamme mineure, on élève d'un demi-ton le septième degré ; ce qui réduit à *deux* (la 3ce et la 6e de la tonique) le nombre des *notes modales*.

K. Ainsi altéré, le 7e degré se trouve à un demi-ton de la tonique, et tend impérieusement à s'y porter.

L. Le 7e degré, placé à un demi-ton de la tonique, prend le nom de *note sensible*.

M. Le propre de la *note sensible* est de faire pressentir la tonique ; de là lui vient ce nom de *sensible* (qui fait sentir le ton).

N. Par l'introduction d'une note sensible dans la gamme mineure, le sens tonal est caractérisé, et il n'est plus à craindre que le ton mineur se confonde avec un autre ton, formé des mêmes sons et appartenant à l'autre mode (le *ton relatif majeur*).

O. L'altération qui produit la note sensible dans le mode mineur n'est qu'accidentelle : on l'emploie dans la gamme ascendante, mais souvent on la supprime dans la gamme descendante.

P. Placé à un ton de la tonique, le 7e degré de la gamme mineure n'est plus *note sensible* ; il reçoit alors le nom de *sous-tonique*.

Q. La gamme mineure avec *note sensible* présente trois demi-tons. Ils sont placés du 2ᵉ au 3ᵉ degré, du 5ᵉ au 6ᵉ, et du 7ᵉ au 8ᵉ.

R. Dépourvue de *note sensible*, la gamme mineure ne contient que deux demi-tons, placés du 2ᵉ au 3ᵉ degré, et du 5ᵉ au 6ᵉ.

S. L'altération qui produit la note sensible dans le mode mineur, y apporte un élément chromatique, et la gamme où on l'introduit n'est plus *complétement* diatonique.

T. Par cette altération, la gamme mineure présente, du 6ᵉ au 7ᵉ degré, une *seconde augmentée*, intervalle défectueux sous le rapport de la succession mélodique.

U. Pour éviter la succession mélodique de *seconde augmentée*, résultant de l'altération ascendante du 7ᵉ degré, on a imaginé d'altérer pareillement le 6ᵉ degré dans la gamme ascendante.

V. Dans la gamme descendante, on fait disparaître ces deux altérations.

X. Mais, par l'altération du 6ᵉ degré, les deux modes se trouvent associés et confondus dans une même gamme, et le nombre des *notes chromatiques* est augmenté.

Y. La gamme mineure construite de la sorte n'offre plus que deux demi-tons, en montant comme en descendant.

Ils sont placés dans la *gamme ascendante*, du 2ᵉ au 3ᵉ degré, et du 7ᵉ au 8ᵉ; et dans la *gamme descendante*, du 6ᵉ au 5ᵉ et du 3ᵉ au 2ᵉ.

Z. D'ailleurs, quelle que soit la manière dont on fasse la gamme mineure, on voit que le premier demi-ton est *invariablement* placé du 2ᵉ au 3ᵉ degré, c'est-à-dire que le premier tétracorde ne varie pas.

aa. L'altération qui produit la note sensible, ainsi que l'altération ascendante dont le 6ᵉ degré est parfois affecté, étant accidentelles, n'entrent pas dans l'armure de la clef.

bb. Cette armure diffère, pour un même ton, par trois altérations, selon que le mode est majeur ou mineur.

Le mode étant mineur, il y aura trois bémols en plus, ou trois dièses en moins (c'est-à-dire trois sons plus bas d'un demi-ton) que si le mode était majeur.

cc. Le ton de *la* mineur, ne comportant aucune altération constitutive, est le modèle des tons mineurs.

dd. Les tons mineurs et les altérations constitutives se succèdent et progressent comme cela a lieu pour les tons majeurs : de quinte en quinte justes, en montant, pour les tons par dièses ; en descendant, pour les tons par bémols.

EXERCICES.

RÉPONDRE AUX QUESTIONS SUIVANTES.

(Sur les principes.)

Qu'est-ce que le MODE ? — A.

Combien y a-t-il de MODES ? — B.

Comment les désigne-t-on ? — C.

Quel est le principe du MODE MAJEUR ? — D.

Quelle est la situation des demi-tons dans le mode majeur ? — E.

Quel est le principe du MODE MINEUR ? — F.

Quel est, dans les accords constitutifs du mode, l'intervalle caractéristique du MAJEUR et du MINEUR ? — G.

Comment nomme-t-on les notes caractéristiques du mode ? — H.

Quel rang les notes modales occupent-elles dans la gamme ? — I.

Le 7ᵉ degré n'est pas mis habituellement au nombre des NOTES MODALES : pourquoi cela ? — J.

Quel est le résultat de l'altération ascendante appliquée au 7ᵉ degré de la gamme mineure ? — K.

Comment nomme-t-on le 7ᵉ degré quand il est placé à un demi-ton de la tonique ? — L.

Que signifie cette expression de NOTE SENSIBLE ? — M.

Pourquoi introduit-on artificiellement une note sensible dans la gamme mineure ? — N.

L'altération qui produit la note sensible dans le mode mineur est-elle permanente ou accidentelle ? — O.

Quel nom donne-t-on au 7ᵉ degré de la gamme mineure, quand il est à un ton de la tonique (ou 8ᵉ degré) ? — P.

Combien la gamme mineure, avec note sensible, présente-t-elle de demi-tons ? où sont-ils placés ? — Q.

Combien la gamme mineure, dépourvue de note sensible, contient-elle de demi-tons? quelle place occupent-ils? — R.

La gamme mineure avec note sensible est-elle complétement diatonique? — S.

La gamme mineure, avec une altération formant la sensible, fournit-elle, entre tous les degrés, une succession mélodique régulière? — T.

A quel moyen a-t-on recours quelquefois pour éviter, dans la gamme mineure avec note sensible, la succession mélodique de seconde augmentée? — U.

La gamme mineure, avec deux altérations, se fait-elle de la même manière en descendant qu'en montant? — V.

Cette manière de faire la gamme mineure, avec la 6ᵉ et la 7ᵉ majeures en montant, et mineures en descendant, est-elle complétement satisfaisante? — X.

Quel est le nombre de demi-tons dans la gamme mineure, avec la 6ᵉ et la 7ᵉ majeures en montant, et mineures en descendant? où sont-ils placés? — Y.

Qu'y a-t-il d'invariable et de caractéristique dans les manières diverses de pratiquer la gamme mineure? — Z.

Pourquoi ne fait-on pas figurer dans l'armure de la clef l'altération qui produit la note sensible? — aa.

Quelle est la différence d'armure de clef, pour un même ton, selon que le mode est majeur ou mineur? — bb.

Quel est le modèle des tons mineurs? — cc.

Comment se succèdent les tons mineurs? de quelle manière progressent leurs altérations constitutives? — dd.

(Sur l'application.)

Quelles sont les notes modales pour le ton de * ?

Étant donnée telle note pour tonique, et les sons * et * pour notes modales, le mode sera-t-il majeur ou mineur?

Quelles modifications faut-il apporter à la gamme majeure de * pour la rendre mineure?

Quelles modifications faut-il apporter à la gamme mineure de * pour la rendre majeure?

Quelle serait la note sensible dans tel ou tel ton de mode mineur?

Telle note étant prise pour SENSIBLE d'un ton mineur, quel serait ce ton?

Formez (selon les diverses manières de la pratiquer) une gamme mineure sur telle ou telle note prise pour tonique.

Le ton (majeur ou mineur) *de* " *offrant tel nombre de dièses* (ou de bémols) *à la clef, quelle sera l'armure pour le même ton* DANS L'AUTRE MODE?

DES TONS RELATIFS.

167. Nous avons déjà fait remarquer (§ 148) que la gamme mineure était formée des mêmes sons qui, dans le mode majeur, constituaient une autre gamme :

EXEMPLE :

Les tons, de modes différents, qui ont entre eux une telle communauté de sons, prennent le nom de *tons relatifs* (qui ont entre eux des rapports).

Par conséquent, ainsi qu'on le voit dans le précédent exemple, le ton d'*ut*, modèle des tons majeurs, a pour *relatif mineur* le ton de *la*, modèle des tons mineurs.

Et, réciproquement, le ton de *la* mineur a pour *relatif majeur* le ton d'*ut*.

De la même manière, chaque ton majeur aura son *relatif mineur*; et chaque ton mineur son *relatif majeur*. Il y aura ainsi toujours deux tons, de modes différents, *relatifs* l'un de l'autre, et pour lesquels la clef recevra une armure identique.

168. L'exemple précédent montre que la tonique de la gamme mineure est le sixième degré de la gamme majeure, et que la tonique de la gamme majeure est le troisième degré de la gamme mineure.

En d'autres termes, que la tonique du ton mineur est toujours située *une tierce mineure au-dessous* de la tonique du ton majeur *relatif*.

Les tons *relatifs* se connaissent donc l'un par l'autre.

On descend d'une tierce mineure au-dessous de la tonique du ton majeur pour trouver le ton mineur relatif. Exemple : *ré majeur*; relatif, *si mineur*.

Et l'on monte d'une tierce mineure au-dessus de la tonique du ton mineur, pour avoir le ton majeur relatif. Exemple : *fa mineur*; relatif, *la b majeur*.

9

169. Nous avons vu (§ 133) comment, par l'armure de la clef, on connaissait le ton d'un morceau.

Mais il ne s'agissait alors que du mode majeur. Or, les deux tons relatifs ayant une armure commune, il faut un moyen de les discerner, et de savoir dans lequel de ces deux tons est le morceau qu'on a sous les yeux.

170. Le moyen qui se présente d'abord tout naturellement consiste à observer l'indice fourni par la note qui, seule, n'est pas commune aux deux tons, c'est-à-dire la note sensible du ton mineur.

On sait que ce septième degré de la gamme mineure coïncide avec le cinquième de la gamme majeure relative.

EXEMPLE :

Gamme majeure d'Ut.

	1	2	3	4	5	6	7	8
Tons relatifs.	ut	ré	mi	fa	sol	la	si	ut
	la	si	ut	ré	mi	fa	sol ♯	la
	1	2	3	4	5	6	7	8

Gamme mineure de La.

Si donc on trouve, dans les premières *mesures* du morceau, la note qui serait le cinquième degré du ton majeur, ou le septième du ton mineur relatif, dépourvue d'altération ascendante, il y a lieu de penser que le morceau est dans le ton majeur.

Si, au contraire, cette même note se présente affectée d'une altération ascendante, on doit alors se croire dans le ton mineur.

Ainsi, dans l'exemple précédent, le *sol* naturel marquait le ton d'*ut* majeur, et le *sol* ♯ le ton de *la* mineur.

171. Ce moyen est simple et facile, mais il n'est pas toujours suffisant. En effet :

D'une part, on peut rencontrer dans un morceau diverses altérations qui, simples ornements mélodiques, ne comptent pas dans l'harmonie et n'affectent pas la tonalité. De la sorte, le 5° degré d'une gamme majeure pourrait être affecté d'une altération ascendante à laquelle on ne devrait attribuer aucune signification par rapport au ton du morceau.

EXEMPLE :

Ut majeur (avec sol ♯).

D'autre part, le mode mineur étant, dans certains passages, dépourvu de *note sensible*, comme cela a lieu souvent dans la gamme descendante, l'absence d'altération sur le 7e degré (5e du ton majeur relatif) n'est pas toujours un indice certain que le morceau soit dans le ton majeur.

EXEMPLE :

En LA mineur (avec sol naturel *).

Signalons en outre le cas, rare il est vrai, où cette note caractéristique (la quinte du ton majeur, 7e du relatif mineur) n'apparaîtrait pas dans les premières mesures de la mélodie dont il s'agirait d'apprécier le ton.

Ainsi, voilà des circonstances où le moyen indiqué § 170 serait insuffisant ou trompeur. Cherchons donc ailleurs des indications plus précises.

172. Un morceau commence souvent et finit toujours par l'accord parfait de tonique; si donc la mélodie est harmonisée, et si l'on a cette harmonie sous les yeux, ce sera là encore un moyen commode de connaître le ton du morceau. *Indice fourni par l'accord final.*

173. Mais le moyen qui est bon dans toutes les circonstances, le moyen certain, infaillible, le seul dont se serve un musicien exercé, consiste à chanter mentalement la première phrase du morceau, et à en consulter le sens musical, résultant de la manière dont les sons sont groupés. Si le repos, la chute de la phrase, la *cadence* (1), comme cela s'appelle, s'effectue sur l'accord parfait de la tonique ou sur celui de la dominante du ton majeur, on est dans ce ton majeur; mais si la *cadence* se produit sur l'accord de la tonique ou sur celui de la dominante du ton mineur, c'est dans le ton mineur qu'est le morceau. *Indice fourni par le sens musical résultant des cadences.*

C'est ce que l'on peut vérifier au moyen des deux exemples précédents.

RÉSUMÉ.

A. On appelle *relatif* deux tons, de modes différents, formés des mêmes sons, et ayant en conséquence une commune armure de clef.

(1) Cadence, du mot latin *cadere*, tomber.

B. Chaque ton majeur a son *relatif mineur*, et *vice versâ*.

C. La tonique du ton mineur est une *tierce mineure au-dessous*
de la tonique du ton majeur *relatif*. Ainsi, *ut* majeur et *la* mineur
sont des *tons relatifs*. Il en est de même de *sol* majeur et de *mi*
mineur; de *fa* majeur et de *ré* mineur, etc.

On connaît ainsi l'un par l'autre les *tons relatifs*.

D. Les *tons relatifs* se distinguent l'un de l'autre :

1° Par l'altération qui forme la note sensible du ton mineur
(cette altération porterait sur le 5e degré du ton majeur);

2° Par l'accord final, qui doit être celui de tonique;

3° Par la *cadence*, c'est-à-dire la terminaison de la phrase
musicale, le repos, plus ou moins complet, s'effectuant sur l'accord de tonique ou sur celui de dominante.

EXERCICES.

RÉPONDRE AUX QUESTIONS SUIVANTES.

(Sur les principes.)

Qu'est-ce que les TONS RELATIFS? — A.

Chaque ton majeur ou mineur a-t-il son RELATIF ? — B.

Un ton étant donné, comment connaît-on quel est son relatif? — C.

Comment les tons relatifs se distinguent-ils l'un de l'autre ? — D.

(Sur l'application.)

Quel est le relatif mineur de tel ton majeur?

Quel est le relatif majeur de tel ton mineur?

*Quel est le ton mineur avec telle armure de clef? avec telle autre
armure, etc. ?*

*Ayant telle armure de clef, quelle sera l'altération accidentelle carac-
téristique du ton mineur?*

*Étant donnée telle armure de clef, quel sera l'accord final caractéristique
pour chacun des deux modes? Sur quels accords s'effectuera la* CADENCE
dans l'un et dans l'autre ton?

EXERCICES PRATIQUES.

Dictées dans les deux modes.

Dictées avec modulations.

NATURE ET SITUATION DES INTERVALLES

FORMÉS PAR LES NOTES DE LA GAMME MAJEURE ET PAR CELLES DE LA GAMME MINEURE.

174. Combien peut-on former d'intervalles de chaque sorte, soit avec les notes de la gamme majeure, soit avec celles de la gamme mineure?

Quelle position ces intervalles occuperont-ils dans la gamme?

La réponse à ces questions se trouve dans le tableau suivant.

Tableau des intervalles formés par les notes de la gamme majeure et par celles de la gamme mineure (*).

(*) NOTA. — Nous adoptons ici la gamme mineure avec 6te mineure et note *sensible*, parce que, construite ainsi, elle est plus conforme à la constitution du mode et plus tonale que faite suivant l'autre manière.

La note sensible étant, dans le mode mineur, d'une nature *chromatique*, les intervalles qui résultent de la combinaison de cette note avec les autres sons de la même gamme devraient être exclus du tableau des intervalles diatoniques. Cependant, en raison du rôle important et nécessaire que joue la note sensible dans la tonalité moderne, on ne peut considérer cette note, ni par conséquent les intervalles qu'elle fait naître, comme étant absolument étrangers à la gamme.

Noms des intervalles.	DANS LE MODE MAJEUR.		DANS LE MODE MINEUR.	
	Leur nombre	Degrés sur lesquels ils sont placés.	Leur nombre	Degrés sur lesquels ils sont placés.
SECONDE augmentée	0		1	6e,
majeure	5	1er, 2e, 4e, 5e, 6e,	3	1er, 3e, 4e,
mineure	2	3e, 7e.	3	2e, 5e, 7e.
diminuée	0		0	
	7		7	
TIERCE augmentée	0		0	
majeure	3	1er, 4e, 5e,	3	3e, 5e, 6e,
mineure	4	2e, 3e, 6e, 7e.	4	1er, 2e, 4e, 7e.
diminuée	0		0	
	7		7	
QUARTE augmentée	1	4e,	2	4e, 6e,
juste	6	1er, 2e 3e, 5e, 6e, 7e.	4	1er, 2e, 3e, 5e,
diminuée	0		1	7e.
	7		7	
QUINTE augmentée	0		1	3e,
juste	6	1er, 2e, 3e, 4e, 5e, 6e,	4	1er, 4e, 5e, 6e,
diminuée	1	7e.	2	2e, 7e.
	7		7	
SIXTE augmentée	0		0	
majeure	4	1er, 2e, 4e, 5e,	4	2e, 3e, 4e, 6e,
mineure	3	3e, 6e, 7e.	3	1er, 5e, 7e.
diminuée	0		0	
	7		7	
SEPTIÈME augmentée	0		0	
majeure	2	1er, 4e,	3	1er, 3e, 6e,
mineure	5	2e, 3e, 5e, 6e, 7e.	3	2e, 4e, 5e, 7e.
diminuée	0		1	
	7		7	
OCTAVE juste	7	1er, 2e, 3e, 4e, 5e, 6e, 7e.	7	1er, 2e, 3e, 4e, 5e, 6e, 7e.

On voit par ce tableau :

175. 1° Que la gamme majeure ne contient qu'un seul intervalle *augmenté*, la *quarte* (1) ; et qu'un seul intervalle *diminué*, la quinte (renversement de la quarte augmentée);

Que la gamme mineure (celle avec sixte mineure et note sensible) offre une *quinte augmentée*, deux *quartes augmentées*, une *seconde augmentée* ; et le renversement de ces intervalles, une *quarte diminuée*, deux *quintes diminuées* et une *septième diminuée* ;

176. 2° Que la *note sensible*, sauf une exception (2), entre dans les intervalles *augmentés* ou *diminués* qui se font avec les notes de la gamme.

La note sensible est le son *grave* des intervalles diminués; elle est le son *aigu* des intervalles augmentés.

L'exception que nous venons de signaler a pour objet la quinte diminuée formée sur le 2° *degré de la gamme mineure*, et son renversement, la quarte augmentée.

---

(1) D'après la classification dont nous avons parlé pages 86 et 87, la gamme majeure n'offre que des intervalles majeurs et mineurs. (Nous ne parlons pas de l'octave, qui est toujours juste.)

Les intervalles *augmentés* et *diminués* sont toujours le résultat d'une *altération chromatique*, et la gamme mineure n'en contient que par sa note sensible, qui est une altération. Cela est rationnel.

Voici les intervalles, dans les deux modes, d'après cette classification.

MODE MAJEUR.			MODE MINEUR.		
Noms des intervalles.	Leur nombre	Degrés sur lesquels ils sont placés.	Noms des intervalles.	Leur nombre	Degrés sur lesquels ils sont placés.
SECONDE { maj. / min.	5 / 2	Comme à l'autre tableau ci-devant.	SECONDE { aug. / maj. / min.	1 / 3 / 3	Comme à l'autre tableau ci-devant.
TIERCE { maj. / min.	3 / 4	Comme à l'autre tableau.	TIERCE { maj. / min.	3 / 4	Comme à l'autre tableau.
QUARTE { maj. / min.	1 / 6	4°. / 1er, 2°, 3°, 5°, 6°, 7°.	QUARTE { maj. / min. / dim.	2 / 4 / 1	4°, 6°. / 1er, 2°, 3°, 5°. / 7°.
QUINTE { maj. / min.	6 / 1	1er, 2°, 3°, 4°, 5°, 6°, / 7°.	QUINTE { aug. / maj. / min.	1 / 4 / 2	3°. / 1er, 4°, 5°, 6°, / 2°, 7°.
SIXTE { maj. / min.	4 / 3	Comme à l'autre tableau.	SIXTE { maj. / min.	4 / 3	Comme à l'autre tableau.
SEPTIÈME { maj. / min.	2 / 5	Comme à l'autre tableau.	SEPTIÈME { maj. / min. / dim.	3 / 3 / 1	Comme à l'autre tableau.
OCTAVE { juste	7	Comme à l'autre tableau.	OCTAVE { juste	7	Comme à l'autre tableau.

(2) Cette exception n'existe pas d'après la classification indiquée pages 86 et 87. Voyez d'ailleurs la note ci-dessus.

177. Nous connaissons les intervalles qui peuvent être formés avec les notes d'une gamme diatonique ; nous pouvons maintenant retourner la question de la manière suivante :

Étant données deux notes, formant tel intervalle, dire toutes les gammes majeures et mineures dans lesquelles ces deux notes peuvent entrer (1) ?

Pour répondre à une semblable question, il faut considérer la note grave de l'intervalle comme formant, tour à tour, chacun des degrés qui, soit dans le mode majeur, soit dans le mode mineur, peuvent recevoir un tel intervalle.

Par exemple, on demande à quels tons majeurs et mineurs pourraient appartenir les deux notes *ut, mi* ?

Ut mi forment une tierce majeure.

Nous voyons, dans notre tableau, que la tierce majeure se pose sur les 1er, 4e et 5e degrés du mode majeur ; et sur les 3e, 5e et 6e degrés du mode mineur.

Donc les notes *ut, mi* entreraient :

dans les gammes majeures d'*ut*   (1er deg é étant *ut*) ;

—   de *sol* (4e degré étant *ut*) ;

—   de *fa* (5e degré étant *ut*) ;

et dans les gammes mineures de *la* (3e degré étant *ut*) ;

—   de *fa* (5e degré étant *ut*) ;

—   de *mi* (6e degré étant *ut*).

EXERCICES.

RÉPONDRE AUX QUESTIONS SUIVANTES.

Combien peut-on former d'intervalles de TELLE SORTE *avec les notes d'une gamme de mode majeur ?*

Sur quels degrés sont-ils placés ?

Combien peut-on former d'intervalles de TELLE SORTE *avec les notes d'une gamme de mode mineur ?*

Sur quels degrés sont-ils placés ?

Désignez toutes les gammes majeures et mineures auxquelles pourraient appartenir les deux notes TELLE *et* TELLE.

EXERCICES PRATIQUES.

Dictées d'une difficulté progressive.

(1) La solution de semblables problèmes fournit des données utiles au point de vue de l'*harmonie*, en révélant les points de contact qui existent entre divers tons, quelquefois fort éloignés les uns des autres.

Par de tels exercices l'esprit se rend familiers des rapports sur lesquels repose le mécanisme de la modulation. (Voyez notre *Cours complet d'harmonie*, chapitre de la Modulation.)

VI.

DE LA TRANSPOSITION.

Définition. 178. Transposer, c'est élever ou abaisser d'un intervalle déterminé toutes les notes d'un morceau de musique. En d'autres termes, c'est transporter dans un ton ce qui est écrit dans un autre.

Pourquoi l'on transpose. 179. Le but le plus ordinaire de la transposition est de mettre dans un diapason favorable à la voix du chanteur un morceau qui serait trop haut ou trop bas pour lui.

On peut transposer soit en transcrivant, soit en lisant.

Transposer en transcrivant. 180. Pour transcrire un morceau dans un autre ton que celui où il est écrit, il suffit, après avoir armé la clef comme il convient, de transporter à l'intervalle voulu chacune des notes du modèle.

Voici, par exemple, une mélodie qu'il s'agit de transcrire une tierce mineure plus bas.

Mélodie à transposer.

En *Ut* majeur.

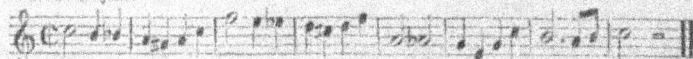

Cette mélodie sera donc transposée du ton d'*ut* dans le ton de *la*. En conséquence, on armera la clef de trois dièses, puis chaque note du modèle sera transcrite une tierce mineure au-dessous.

On obtiendra ainsi la version suivante :

Mélodie ci-dessus transposée d'une tierce.

En *La* majeur.

EXERCICES.

Transcrire, dans tous les tons, le passage précédent ou un fragment quelconque.

181. Mais exécuter à première vue un morceau, dans un autre ton que celui où il est écrit, est une opération plus difficile, car la rapidité de l'exécution ne permet à l'esprit aucun calcul.

Il faut donc un *procédé* qui permette de lire *à priori*, ainsi qu'on doit exécuter.

Ce procédé consiste à transformer par la pensée la notation écrite, de manière qu'elle exprime ce que veut la transposition (1).

182. Pour cela, trois choses sont à faire :

1° Substituer mentalement à la clef écrite une clef fictive, au moyen de laquelle les notes écrites prendront, sans changer de place, le nom qu'elles doivent avoir par la transposition ;

2° Supposer à cette clef l'armure que réclame le ton dans lequel on transpose ;

3° Savoir, par avance, quelles modifications le changement supposé dans l'armure doit apporter aux altérations accidentelles.

Nous allons entrer dans quelques développements sur chacun de ces trois points, et poser des règles précises.

1° SUPPOSITION D'UNE AUTRE CLEF.

183. Il faut d'abord changer le nom des notes, sans changer leur position.

Ainsi, dans l'exemple précédent, la tonique *ut* , devenant *la* par la transposition, il faudra lire comme si, au lieu de la clef de *sol*, on avait la clef d'*ut* 1ʳᵉ ligne :

Or, quel que soit l'intervalle auquel on transpose, il y aura toujours une clef qui fera l'office exigé, puisque, comme on l'a vu (§ 22), au moyen des différentes clefs, une note occupant une position quelconque sur la portée peut recevoir tour à tour chacun des sept noms.

184. Nous ferons remarquer, néanmoins, que les différentes clefs aux- Changement du diapason des clefs.quelles il faudra avoir recours nous donneront bien le nom voulu de la note, mais pas toujours son vrai diapason.

(1) Notre ingénieux système de notation se prête admirablement à de telles transformations; aucune transposition n'est impossible, et c'est là un des mérites inappréciables de notre écriture musicale.

Supposons, par exemple, qu'on veuille transposer un ton plus bas la phrase suivante, écrite en clef de *sol* :

Il faudra substituer, par la pensée, à la clef de *sol* écrite, la clef d'*ut* 4ᵉ ligne, mais lire celle-ci une octave plus haut que son diapason réel.

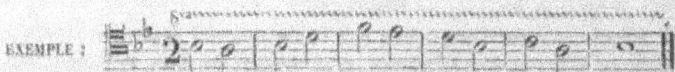

EXEMPLE :

Quelle clef on doit lire.

185. Pour savoir quelle clef il faut substituer à la clef écrite, afin d'obtenir une transposition désignée, il suffit de se demander en quelle clef on doit lire pour que la tonique écrite prenne le nom de la nouvelle tonique.

Pour celui qui a la pratique de toutes les clefs, il ne sera pas difficile de répondre à cette question.

186. Néanmoins nous allons donner une table indiquant les changements de clef à effectuer pour la transposition aux divers intervalles, en partant d'une clef quelconque.

TABLE DES CHANGEMENTS DE CLEF POUR LA TRANSPOSITION, AUX DIVERS INTERVALLES.

NOTA. — Le tableau ci-dessous montre la clef qu'il faut substituer à chacune des clefs pour obtenir la transposition qu'on désire. Pour se servir de ce tableau, on cherchera, dans la ligne qui a pour objet le genre de transposition qu'on veut effectuer, la clef écrite au morceau; et la clef qui suit immédiatement dans le tableau est celle qu'il faut lire pour avoir la transposition voulue. Par exemple, pour transposer à la seconde supérieure, si le morceau est écrit en *clef de sol* 2ᵉ *ligne*, il faut lire en *clef d'ut* 3ᵉ *ligne;* si le morceau est écrit en *clef d'ut* 3ᵉ *ligne*, il faut lire en *clef de fa* 4ᵉ *ligne;* si le morceau est écrit en *clef de fa* 4ᵉ *ligne*, il faut lire en *clef d'ut* 2ᵉ *ligne;* etc. (Voyez ci-après.)

Pour transposer d'une seconde au-dessus (ou d'une septième au-dessous.)

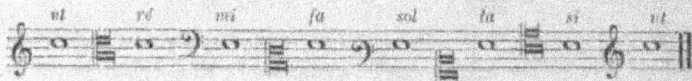

MNÉMONIQUE : Substituer à la clef écrite celle qui se trouverait la troisième avant celle-ci, les clefs étant rangées dans l'ordre naturel de leur classification (1).

(1) CLEFS RANGÉES DANS LEUR ORDRE NATUREL :

Il ne faut pas oublier qu'au diapason près, la *clef de sol* 1ʳᵉ *ligne* et la *clef de fa* 4ᵉ *ligne* sont identiques, et qu'envisagées au point de vue de la transposition, ces deux clefs peuvent être prises l'une pour l'autre.

Pour transposer d'une tierce au-dessus (ou d'une sixte au-dessous).

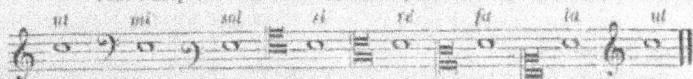

MNÉMONIQUE : Substituer à la clef écrite celle qui se trouverait immédiatement après celle-ci, les clefs étant rangées dans l'ordre naturel de leur classification.

Pour transposer d'une quarte au-dessus (ou d'une quinte au-dessous).

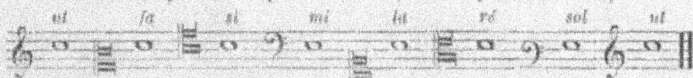

MNÉMONIQUE : Substituer à la clef écrite celle qui se trouverait la deuxième avant celle-ci, les clefs étant rangées dans l'ordre naturel de leur classification.

Pour transposer d'une seconde au-dessous (ou d'une septième au-dessus).

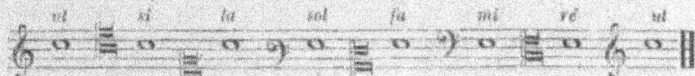

MNÉMONIQUE : Substituer à la clef écrite celle qui se trouverait la troisième après celle-ci, les clefs étant rangées dans l'ordre naturel de leur classification.

Pour transposer d'une tierce au-dessous (ou d'une sixte au-dessus).

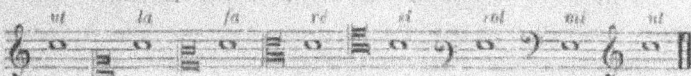

MNÉMONIQUE : Substituer à la clef écrite celle qui se trouverait immédiatement avant celle-ci, les clefs étant rangées dans l'ordre naturel de leur classification.

Pour transposer d'une quarte au-dessous (ou d'une quinte au-dessus).

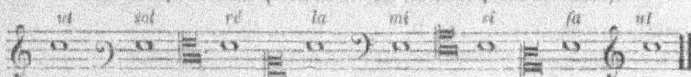

MNÉMONIQUE : Substituer à la clef écrite celle qui se trouverait la deuxième après celle-ci, les clefs étant rangées dans l'ordre naturel de leur classification.

(*Exercices n° 1, page 148.*)

2° QUELLE DOIT ÊTRE L'ARMURE DE LA CLEF SUPPOSÉE.

187. L'armure doit être celle qu'exige la nouvelle tonique.

Exemple : Le morceau est en *sol* majeur; on veut le transposer une quarte juste au-dessous, ce sera donc en *ré* majeur ; alors on supposera la clef armée de deux dièses.

Comment il faut armer la clef.

Autre exemple : Le morceau est écrit sur la clef de *sol* et dans le ton de *ré* majeur; on veut le lire en clef d'*ut* 2ᵉ ligne : quel sera le ton du morceau ainsi transposé ?

Pour répondre à la question ainsi posée, il suffit de remarquer que *ré*, tonique du morceau, est écrit, en clef de *sol*, sur la 4ᵉ ligne de la portée, et qu'en clef d'*ut* 2ᵉ ligne, la note occupant la 4ᵉ ligne, sera le *sol*. Donc notre morceau sera transposé en *sol*, et il n'y aura qu'un seul dièse à la clef.

(Exercices n° 2, page 149.)

3° MODIFICATIONS QUE LE CHANGEMENT SUPPOSÉ DANS L'ARMURE DE LA CLEF DOIT APPORTER AUX ALTÉRATIONS ACCIDENTELLES.

188. Il est évident que le changement supposé dans l'armure de la clef amène des modifications portant sur des notes qui, dans le ton écrit, figuraient sous un nom et dans un état différents de ceux que leur attribue la transposition.

C'est ainsi qu'une note, *naturelle* dans le ton écrit, peut être transformée, par la transposition, en note *diésée* ou *bémolisée*, et réciproquement.

Si donc quelque signe altératif se présente devant une note dont la manière d'être serait ainsi changée, dans la transposition, par l'effet de l'armure qu'on suppose, ce signe devra être lui-même modifié dans son interprétation, afin de remplir, à l'égard de la note transposée, la fonction qu'il exerçait dans le ton primitif.

Quant aux signes altératifs qui portent accidentellement sur les autres notes, ils conservent, dans la transposition, la signification qu'ils avaient dans le ton écrit, et ils doivent être exécutés tels qu'on les lit.

C'est ce que démontre l'exemple suivant.

Dans cet exemple, les signes d'altération qui portent sur les notes *fa*, *ut*, *sol* du ton transposé (celles qui reçoivent les trois dièses constituant la différence entre les deux tons) sont d'un demi-ton chromatique plus haut que les signes altératifs qui portent sur les notes correspondantes du ton écrit.

Les signes d'altération qui se rencontrent sur les autres notes sont identiques dans les deux tons.

AUTRES EXEMPLES DE TRANSFORMATION A LA TIERCE MINEURE INFÉRIEURE.

De mi ♭ en ut.

De sol en mi.

De la ♭ en fa.

On voit que, dans la transposition à la tierce mineure inférieure, c'est toujours devant les notes devenues *fa*, *ut*, *sol*, qu'a lieu la modification ci-dessus indiquée.

Une régularité analogue à l'égard de la transformation des altérations accidentelles, existant, ainsi que nous le verrons tout à l'heure, pour la transposition aux divers intervalles, quel que soit le ton pris comme point de départ, cela permet de poser les règles suivantes.

Règles à suivre pour savoir à priori quelles sont, dans les diverses transpositions, les notes qui conservent les accidents écrits, et celles pour lesquelles il faut les changer.

189. 1° Autant le ton de la transposition exige de dièses en plus, ou de bémols en moins que n'en a le ton écrit, autant de notes, prises dans l'ordre des dièses, devant lesquelles les accidents devront être haussés d'un demi-ton chromatique. C'est-à-dire que, devant ces notes, on traduira le ♭♭ par le ♭, le ♮ par le ♯, le ♯ par le ♯, et le ♯ par le ×.

Règles sur l'interprétation des signes d'altération accidentels.

Les accidents placés devant les autres notes conserveront leur signification naturelle.

Exemple : Un morceau est écrit en *sol* majeur, on le transpose en *la* : deux dièses de plus, c'est-à-dire deux notes élevées d'un demi-ton. Donc les notes *fa* et *ut* du ton de *la* (les deux premières de la progression des dièses) s'exécuteront un demi-ton plus haut que ne l'indique la notation. Ainsi :

190. 2° Autant le ton de la transposition exige de bémols en plus, ou de dièses en moins, que n'en a le ton écrit, autant de notes, prises dans l'ordre des bémols, devant lesquelles les accidents devront être baissés d'un demi-ton chromatique. C'est-à-dire que, devant ces notes, on traduira le ⨯ par le #, le # par le ♮, le ♮ par le ♭, le ♭ par le ♭♭.

Les accidents placés devant les autres notes conserveront leur signification naturelle.

Exemple : Un morceau en *sol* majeur est transposé en *fa* : un dièse en moins, un bémol en plus ; c'est-à-dire deux notes abaissées d'un demi-ton. Donc les notes *si* et *mi*, du ton de *fa* (les deux premières de la progression des bémols) s'exécuteront un demi-ton plus bas que ne l'indique la notation. Ainsi :

191. 3° La différence existant entre l'armure écrite et l'armure supposée peut être de plus de sept dièses ou de sept bémols ; on entre alors dans la région des doubles dièses ou des doubles bémols, et les accidents qui se rencontreront devant les notes appartenant à cette série seront traduits, non plus seulement à un demi-ton, mais à deux demi-tons chromatiques, en dessus ou en dessous, de ce qu'indique la notation.

Les accidents placés devant les autres notes devront être élevés ou abaissés d'un seul demi-ton.

Exemple : Un morceau est dans le ton de *ré*♭ majeur, lequel prend 5 bémols, et l'on veut le transposer en *la*, qui prend 3 dièses : ce dernier ton

_____

(1) Le bécarre ne figure ici que pour signaler l'état *naturel* des notes auxquelles il s'applique.

diffère donc du premier par *huit* altérations ascendantes (c'est-à-dire qu'on entre, pour une note, dans la série des altérations doubles). En conséquence, la note *fa* sera exécutée deux demi-tons chromatiques plus haut que ne l'indique la notation, et les autres notes un demi-ton seulement. Ainsi :

Notes du ton de *ré* ♭ (5 bémols). *ré* ♭ *mi* ♭ *fa* ♮ *sol* ♭ *la* ♭ *si* ♭ *ut* ♮ *ré* ♭.

Notes du ton de *la* (3 dièses). *la* ♮ *si* ♮ *ut* ♯ *ré* ♮ *mi* ♮ *fa* ♯ *sol* ♯ *la* ♮.

Autre exemple : Un morceau est en *mi* majeur, 4 dièses, on le transpose en *ré* ♭, 5 bémols : différence 9 altérations descendantes. Donc les notes *si* et *mi* seront exécutées deux demi-tons chromatiques plus bas que ne l'indique la notation, et les autres notes un demi-ton seulement. Ainsi :

Notes du ton de *mi* (4 dièses). *mi* ♮ *fa* ♯ *sol* ♯ *la* ♮ *si* ♮ *ut* ♯ *ré* ♯ *mi* ♮.

Notes du ton de *ré* ♭ (5 bémols). *ré* ♭ *mi* ♭ *fa* ♮ *sol* ♭ *la* ♭ *si* ♭ *ut* ♮ *ré* ♭.

192. On a vu la règle; nous allons maintenant en faire connaître le principe.

Démonstration du principe.

Rappelons-nous que les tons s'engendrent par quintes justes (§§ 125 et suivants).

Que d'autant de quintes justes un ton est au-dessus d'un autre, sur cette échelle des générations, autant il prend de dièses en plus, ou de bémols en moins.

Et, d'autre part, que d'autant de quintes justes un ton est au-dessous d'un autre, autant il prend de bémols en plus, ou de dièses en moins (§ 127);

Qu'on sait ainsi, par la différence d'armure, de combien de quintes justes un ton est plus haut ou plus bas qu'un autre.

Cela posé, on remarquera que le même nombre de quintes justes qui séparent deux toniques existe aussi, dans les deux tons, entre tous les autres points correspondants.

Ainsi, suivant l'ordre de génération des gammes, le ton de *fa* étant d'*une* quinte juste au-dessous du ton d'*ut*, chacun des degrés de la gamme de *fa* sera d'*une* quinte juste au-dessous du degré de la gamme d'*ut* qui lui correspond.

EXEMPLE :

	1er degré.	2e degré.	3e degré.	4e degré.	5e degré.	6e degré.	7e degré.
Gamme d'UT.	*ut*	*ré*	*mi*	*fa*	*sol*	*la*	*si*
Gamme de FA.	*fa*	*sol*	*la*	*si* ♭	*ut*	*ré*	*mi*

De même, le ton de *si* ♭ étant de deux quintes justes au-dessous du ton d'*ut*, les notes du ton de *si* ♭ seront chacune de deux quintes justes au-dessous de la note qui, dans la gamme d'*ut*, forme le degré correspondant.

EXEMPLE :

	1er degré.	2e degré.	3e degré.	4e degré.	5e degré.	6e degré.	7e degré.
Gamme d'UT.	*ut*	*ré*	*mi*	*fa*	*sol*	*la*	*si*
	fa	sol	la	si♭	ut	ré	mi
Gamme de SI ♭.	*si*♭	*ut*	*ré*	*mi*♭	*fa*	*sol*	*la*

193. Or, chaque fois que la quinte *si fa* se trouve entre une note écrite et celle donnée par la transposition, ces deux notes se présenteront dans un état différent, puisque la quinte ne peut être juste entre les notes *si fa* que par l'altération de l'une de ces deux notes, altération qui entraine celle des notes formant les quintes suivantes.

Mais chaque fois, au contraire, que les notes *si fa* n'entreront pas dans la progression de quintes qui sépare deux notes, ces notes seront de la même nature ; c'est-à-dire que la quinte juste d'une note naturelle sera toujours une note naturelle, que la quinte juste d'une note diésée sera une note diésée, que la quinte juste d'une note bémolisée sera une note bémolisée.

EXEMPLES :

TRANSPOSITION A LA QUINTE JUSTE AU-DESSOUS.

D'UT en FA.

Ton d'UT. 〔 *ut* ♮　*ré* ♮　*mi* ♮　*fa* ♮　*sol* ♮　*la* ♮　*si* ♮.

Ton de FA. 〔 *fa* ♮　*sol* ♮　*la* ♮　*si* ♭　*ut* ♮　*ré* ♮　*mi* ♮.

De RÉ en SOL.

Ton de RÉ. 〔 *ré* ♮　*mi* ♮　*fa* ♯　*sol* ♮　*la* ♮　*si* ♮　*ut* ♯.

Ton de SOL. 〔 *sol* ♮　*la* ♮　*si* ♮　*ut* ♮　*ré* ♮　*mi* ♮　*fa* ♯.

On peut multiplier ces exemples, en prenant pour point de départ tel ton qu'on voudra, et le résultat sera le même : les deux notes *si fa* se présenteront toujours dans un état différent, afin de former entre elles l'intervalle de quinte juste.

AUTRES EXEMPLES.

TRANSPOSITION À LA SECONDE SUPÉRIEURE, C'EST-A-DIRE DEUX QUINTES AU-DESSUS.

D'UT en SI ♭.

Ton écrit (ton d'UT).	ut ♮	ré ♮	mi ♮	fa ♮	sol ♮	la ♮	si ♮.
Deux quintes justes au-dessous.	fa ♮	sol ♮	la ♮	si ♭	ut ♮	ré ♮	mi ♮.
Transposition (ton de SI ♭).	si ♭	ut ♮	ré ♮	mi ♭	fa ♮	sol ♮	la ♮.

De SOL en FA.

Ton écrit (ton de SOL).	sol ♮	la ♮	si ♮	ut ♮	ré ♮	mi ♮	fa ♯
Deux quintes justes au-dessous.	ut ♮	ré ♮	mi ♮	fa ♮	sol ♮	la ♮	si ♮
Transposition (ton de FA).	fa ♮	sol ♮	la ♮	si ♭	ut ♮	ré ♮	mi ♮.

Dans ces deux exemples, les notes *si* et *mi*, transposition des notes *ut* et *fa*, se montrent sous un aspect différent de celui qui, dans le ton écrit, appartenait à ces notes *ut* et *fa* : à la note naturelle, la transposition répond par une note bémolisée ; ou, à la note diésée, par une note naturelle, c'est-à-dire par un signe de notation inférieur d'un demi-ton chromatique.

C'est que les notes *si* et *mi* de la transposition sont les produits de deux quintes justes descendantes, dans lesquelles figurent les notes *fa si*.

$$\text{EXEMPLE :} \quad \begin{cases} ut \\ fa \\ si\,\flat \end{cases} \quad \begin{cases} fa \\ si\,\flat \\ mi\,\flat \end{cases}$$

Si, au lieu de deux quintes au-dessous, comme dans les exemples précédents, nous montrions la transposition effectuée à deux quintes au-dessus, le même principe nous fournirait un résultat analogue, mais pris alors dans la progression ascendante.

EXEMPLES.

TRANSPOSITION A LA SECONDE INFÉRIEURE, C'EST-A-DIRE DEUX QUINTES AU-DESSOUS.

D'UT en RE.

Transposition (ton de RE.	ré ♮	mi ♮	fa ♯	sol ♮	la ♮	si ♮	ut ♯.
	sol ♮	la ♮	si ♮	ut ♮	ré ♮	mi ♮	fa ♯
Ton écrit (ton d'UT).	ut ♮	ré ♮	mi ♮	fa ♮	sol ♮	la ♮	si ♮

De FA en SI.

Transposition
(ton de SOL). $\begin{cases} sol \natural & la \natural & si \natural & ut \natural & ré \natural & mi \natural & fa \natural \\ \uparrow & \uparrow & \uparrow & \uparrow & \uparrow & \uparrow & \uparrow \\ ut \natural & ré \natural & mi \natural & fa \natural & sol \natural & la \natural & si \natural \\ \uparrow & \uparrow & \uparrow & \uparrow & \uparrow & \uparrow & \uparrow \end{cases}$

Ton écrit
(ton de FA). $\begin{cases} fa \natural & sol \natural & la \natural & si \flat & ut \natural & ré \natural & mi \natural \end{cases}$

On voit qu'ici les notes *fa* et *ut*, transposition des notes *mi* et *si*, sont affectées d'une altération ascendante de plus que ces dernières, parce que les notes *fa* et *ut* sont les produits de deux quintes justes ascendantes, dans lesquelles figurent les notes *si fa*.

EXEMPLE : $\begin{cases} fa \sharp \\ si \\ mi \end{cases} \begin{cases} ut \sharp \\ fa \sharp \\ si \end{cases}$

194. *Tableau comparatif des altérations constitutives par lesquelles les tons diffèrent entre eux.*

	1er degré.	2e degré.	3e degré.	4e degré.	5e degré.	6e degré.	7e degré.
Ton d'UT ♯..	ut ♯	ré ♯	mi ♯	fa ♯	sol ♯	la ♯	si ♯
Ton de FA ♯.	fa ♯	sol ♯	la ♯	si	ut ♯	ré ♯	mi ♯
Ton de SI..	si	ut ♯	ré ♯	mi	fa ♯	sol ♯	la ♯
Ton de MI..	mi	fa ♯	sol ♯	la	si	ut ♯	ré ♯
Ton de LA..	la	si	ut ♯	ré	mi	fa ♯	sol ♯
Ton de RÉ..	ré	mi	fa ♯	sol	la	si	ut ♯
Ton de SOL.	sol	la	si	ut	ré	mi	fa ♯
Ton d'UT.	ut	ré	mi	fa	sol	la	si
Ton de FA..	fa	sol	la	si ♭	ut	ré	mi
Ton de SI ♭.	si ♭	ut	ré	mi ♭	fa	sol	la
Ton de MI ♭.	mi ♭	fa	sol	la ♭	si ♭	ut	ré
Ton de LA ♭.	la ♭	si ♭	ut	ré ♭	mi ♭	fa	sol
Ton de RÉ ♭.	ré ♭	mi ♭	fa	sol ♭	la ♭	si ♭	ut
Ton de SOL ♭.	sol ♭	la ♭	si ♭	ut ♭	ré ♭	mi ♭	fa
Ton d'UT ♭..	ut ♭	ré ♭	mi ♭	fa ♭	sol ♭	la ♭	si ♭

TONS CLASSÉS PAR PROGRESSION DE QUINTES JUSTES CONFORMÉMENT À L'ORDRE DANS LEQUEL ILS S'ENGENDRENT.

Ainsi qu'on peut le voir dans ce tableau, d'autant de quintes le ton transposé sera plus haut que le ton écrit, autant de notes, prises dans l'ordre des dièses, seront haussées d'un demi-ton.

D'autant de quintes le ton transposé sera plus bas que le ton écrit, autant de notes, prises dans l'ordre des bémols, seront baissées d'un demi-ton.

Le résultat de ce calcul bien simple est consigné dans la table suivante :

TABLE DES TRANSPOSITIONS.

TRANSPOSITIONS PAR PROGRESSION DESCENDANTE.			TRANSPOSITIONS PAR PROGRESSION ASCENDANTE.		
Nombre des quintes de l'échelle des tons au-dessous desquelles s'effectue la transposition.	Intervalle auquel a lieu la transposition.	Notes dont l'état primitif est modifié, et devant lesquelles les accidents doivent être traduits un demi-ton au-dessous de ce qu'indique la notation.	Nombre des quintes de l'échelle des tons au-dessus desquelles s'effectue la transposition.	Intervalle auquel a lieu la transposition.	Notes dont l'état primitif est modifié, et devant lesquelles les accidents doivent être traduits un demi-ton au-dessus de ce qu'indique la notation.
1.	5te juste inférieure (ou 4te juste supérieure).	si.	1.	5te juste supérieure (ou 4te juste inférieure).	fa.
2.	2de majeure inférieure (ou 7e min. supérieure).	si, mi.	2.	2de majeure supérieure (ou 7e min. inférieure).	fa, ut.
3.	6te majeure inférieure (ou 3e min. supérieure).	si, mi, la.	3.	6te majeure supérieure (ou 3ce min. inférieure).	fa, ut, sol.
4.	3e majeure inférieure (ou 6te min. supérieure).	si, mi, la, ré.	4.	3e majeure supérieure (ou 6te min. inférieure).	fa, ut, sol, ré.
5.	7e majeure inférieure (ou 2e min. supérieure).	si, mi, la, ré, sol.	5.	7e majeure supérieure (ou 2e min. inférieure).	fa, ut, sol, ré, la.
6.	4te augm. (1) inférieure (ou 5te diminuée supér.).	si, mi, la, ré, sol, ut.	6.	4te augmentée supérieure (ou 5te diminuée infér.).	fa, ut, sol, ré, la, mi.
7.	8ve augmentée (ou demi-ton chromatique) infér.	si, mi, la, ré, sol, ut, fa.	7.	8ve augmentée (ou demi-ton chromatique) supér.	fa, ut, sol, ré, la, mi, si.
Si l'on poursuivait la progression, on entrerait dans la région des doubles altérations, et les notes de cette série devraient être interprétées deux demi-tons chromatiques au-dessous de ce qu'indique la notation.			Si l'on poursuivait la progression, on entrerait dans la région des doubles altérations, et les notes de cette série devraient être interprétées deux demi-tons chromatiques au-dessus de ce qu'indique la notation.		

(1) On voit que, jusqu'à l'octave, tous les intervalles engendrés par la progression de quintes sont appelés *majeurs*; il faut en excepter la quarte et son renversement la *quinte*. Pour faire cesser cette anomalie, la quarte (augmentée) devrait être semblablement qualifiée de *majeure*; mais alors son renversement, la quinte diminuée, serait appelé *quinte mineure*, et, en conséquence, notre quinte juste serait nommée *quinte majeure*. C'est, comme on le voit, la justification du tableau des intervalles présenté à la page 87.

(*Exercices n° 3, page* 149.)

RÉSUMÉ.

La transposition consiste à traduire dans un ton ce qui est écrit dans un autre.

Pour transposer à première vue, il faut préalablement transformer par la pensée la notation du morceau, de manière à n'avoir à exécuter que ce qu'on lira.

Il faut pour cela :

1° Changer la clef, par la pensée.

2° Supposer à cette clef l'armure qu'exige le ton dans lequel on transpose.

3° Se rendre compte des changements qui ont lieu dans l'interprétation des signes d'altération accidentels, appartenant à la notation qu'on a sous les yeux.

EXERCICES.

N° 1.

RÉPONDRE AUX QUESTIONS SUIVANTES.

Pour transposer d'une seconde au-dessus, ou d'une septième au-dessous, quelle clef faut-il substituer :

à la clef de FA, 4ᵉ *ligne?*
à la clef de FA, 3ᵉ *ligne?*
à la clef d'UT, 4ᵉ *ligne?*
à la clef d'UT, 3ᵉ *ligne?*
à la clef d'UT, 2ᵉ *ligne?*
à la clef d'UT, 1ʳᵉ *ligne?*
à la clef de SOL?

(Mêmes questions, à l'égard de la transposition aux autres intervalles.)

Un morceau est écrit en telle clef, on le lit en telle autre clef, quel sera l'intervalle auquel on transpose?

N° 2.

Un morceau est écrit en tel ton, on veut le transposer à tel intervalle, comment faudra-t-il armer la clef?

Un morceau est écrit en tel ton et avec telle clef, on le lit avec telle autre clef, quel sera le ton du morceau transposé?

N° 3.

Quand on transpose à tel intervalle, quelles seront les notes du ton transposé devant lesquelles les signes d'altération devront être modifiés dans l'exécution? Quelle sera la nature de cette modification?

EXERCICES PRATIQUES.

Transposer aux divers intervalles.

Nota. — On ne devra quitter une transposition, pour passer à une autre, que lorsqu'on sera suffisamment familiarisé avec la première, pour n'avoir pas à craindre la confusion qui pourrait résulter de cette nouvelle étude.

FIN DE LA PREMIÈRE PARTIE.

DEUXIÈME PARTIE.

DE CE QUI A RAPPORT A LA DURÉE

PRISE COMME ÉLÉMENT DE RHYTHME.

---

195. Après avoir traité de tout ce qui se rattache à l'intonation, nous devons parler de ce qui concerne la *durée*, prise comme élément du rhythme.

La durée des sons dans la musique doit être envisagée de deux manières : comme *durée relative*, c'est-à-dire *proportionnelle*, et comme *durée absolue*.

Nous allons nous occuper d'abord de la durée proportionnelle ; nous parlerons plus loin de la durée absolue, laquelle constitue le *mouvement*.

I.

DURÉE RELATIVE OU PROPORTIONNELLE.

196. Les sons dont se compose un morceau de musique, comparés les uns aux autres, diffèrent non-seulement par l'intonation, mais encore par la durée plus ou moins longue de chacun. *(Rapports de durée.)*

Ces rapports de durée constituent la *durée relative* ou *proportionnelle*.

197. La proportion la plus simple, celle que l'oreille apprécie le mieux, est le rapport du tout à sa moitié. En conséquence, nous aurons d'abord la *division binaire* : l'unité de durée partagée en demies ; puis, au moyen de subdivisions, en quarts, huitièmes, seizièmes, etc. *(Division binaire.)*

198. Ces rapports de durée sont figurés dans la notation au moyen des formes diverses de la note, laquelle remplit ainsi une double fonction : par *(Notation : signes de la durée (division binaire).)*

sa *position* sur la portée, elle indique l'intonation du son ; par sa *forme*, elle en marque la durée proportionnelle.

199. Nous avons vu (*Premières notions*) que l'unité de la valeur est figurée par la *ronde* 𝅝, dont la moitié est la *blanche* 𝅗𝅥 ; le quart, la *noire* 𝅘𝅥 ; le huitième, la *croche* 𝅘𝅥𝅮 ; le seizième, la *double croche* 𝅘𝅥𝅯 ; le trente-deuxième, la *triple croche* 𝅘𝅥𝅰 ; le soixante-quatrième, la *quadruple croche* 𝅘𝅥𝅱 ; qu'ainsi, dans l'ordre où nous venons de les placer, chacune de ces valeurs est la moitié de celle qui la précède, et le double de celle qui la suit. C'est ce que montre le tableau suivant :

TABLEAU DES VALEURS PROPORTIONNELLES DES NOTES.

Ronde	blanches		noires		croches		doubles-croches		triples-croches		quadruples-croches.
la 𝅝 vaut	2	ou	4	ou	8	ou	16	ou	32	ou	64
	la 𝅗𝅥 vaut	2	ou	4	ou	8	ou	16	ou	32
			la 𝅘𝅥 vaut	2	ou	4	ou	8	ou	16
					la 𝅘𝅥𝅮 vaut	2	ou	4	ou	8
							la 𝅘𝅥𝅯 vaut	2	ou	4
									la 𝅘𝅥𝅰 vaut	2

200. Nous savons encore que l'interruption momentanée des sons est marquée au moyen de signes nommés *silences*.

201. Que chaque valeur de note a son équivalent en silence : la *pause* ▬ équivaut à la ronde (1); la *demi-pause* ▬, à la blanche :

(1) La pause sert aussi à indiquer le silence d'une mesure quelconque, d'une valeur moindre que la ronde ou qui n'excède pas une ronde pointée.

le *soupir* ᛉ , à la noire; le *demi-soupir* ᛣ à la croche; le *quart de soupir* ᛣ , à la double croche; le *huitième de soupir* ᛣ , à la triple croche; le *seizième de soupir* ᛣ , à la quadruple croche. C'est ce que fait voir l'exemple suivant :

VALEUR COMPARATIVE DES NOTES ET DES SILENCES.

		ronde	blanche	noire	croche	double-croche	triple croche	quadruple-croche
Durée égale	en notes :							
	en silences:	pause	demi-pause	soupir	demi-soupir	quart de soupir	huitième de soupir	seizième de soupir

202. On emploie en outre, quelquefois, un signe de valeur emprunté à l'ancienne notation : c'est la *carrée*, note qui vaut deux rondes (1).

A cette valeur correspond un silence appelé *bâton de deux pauses*

Enfin, il y a le *bâton de quatre pauses*   , silence pour lequel il y avait, dans l'ancienne notation, une note de valeur correspondante (la *longue*). Le *bâton de quatre pauses* équivaut à deux *carrées* ou quatre rondes (2).

(1) La *carrée* est la brève de l'ancienne notation.

Voici quels étaient les noms et les signes de valeurs dans l'ancienne notation musicale :

Maxime

Longue

Brève   aujourd'hui la *carrée*,

Semi-brève ◇ aujourd'hui la *ronde*.

Minime ◇ aujourd'hui la *blanche*.

On voit qu'alors les signes des valeurs tiraient leurs noms des rapports de durée qu'ils représentaient, tandis que, aujourd'hui, les dénominations se rapportent à la figure de la note. La raison en est que, dans notre notation moderne, une même figure de note peut représenter des valeurs différentes, résultant : les unes de la division binaire, et formant des *demies* comme dans le tableau précédent; les autres de la division ternaire, et formant des *tiers*, ainsi que cela a lieu dans le *triolet* (voyez ci-après §§ 208 et 209).

(2) On indique un silence d'un grand nombre de mesures au moyen des signes précédents, ou plus simplement, par une double barre placée obliquement sur la portée, et surmontée du chiffre marquant le nombre de pauses à compter. Exemple :

Silence de onze mesures.

Le point
d'augmenta-
tion

203. Nous savons que le point placé après une note en augmente la valeur de moitié : qu'ainsi une *ronde pointée* vaudra une ronde et demie, ou trois blanches; qu'une *blanche pointée* vaudra une blanche et demie, ou trois noires. De même à l'égard des autres valeurs. Une note pointée est donc naturellement divisible par trois.

TABLEAU DES VALEURS POINTÉES (1).

Ronde	blanches	noires	croches	doubles croches	triples croches	quadruples croches.
la 𝅝 • vaut	3 ou	6 ou	12 ou	24 ou	48 ou	96
la 𝅗𝅥 • vaut	3 ou	6 ou	12 ou	24 ou	48	
la 𝅘𝅥 • vaut	3 ou	6 ou	12 ou	24		
la 𝅘𝅥𝅮 • vaut	3 ou	6 ou	12			
la 𝅘𝅥𝅯 • vaut	3 ou	6				
la 𝅘𝅥𝅰 • vaut	3					

204. De plus, on se souvient qu'une note peut recevoir deux, et même trois points d'augmentation successifs; que le deuxième point vaut la moitié du premier, et le troisième la moitié du second : qu'ainsi une *ronde suivie de deux points* vaut une ronde, une blanche et une noire.

205. Enfin, on a vu que le point d'augmentation était applicable aux signes de silence.

Division ter-
naire.

206. Outre les rapports de durée résultant de la division binaire, l'oreille apprécie très-bien encore ceux qui proviennent de la *division ternaire*.

Signes
de la division
ternaire.

207. Nous avons vu (§ 203) comment le point d'augmentation pouvait devenir un signe de la division ternaire (2); le tableau ci-dessus *des valeurs pointées* en fournit la démonstration.

(1) *Valeurs*, pour signes des valeurs des notes ; locution usitée parmi les musiciens.

(2) Voyez ci-après la note 1, à la page 162.

208. Mais il est des cas où une *valeur simple* (une note non pointée) doit elle-même subir la division ternaire (1).

Un groupe de trois notes égales, occupant la durée d'une *valeur simple*, se nomme *triolet*.

209. On n'a pas créé de figures particulières pour écrire les triolets, mais on se sert à cet effet des figures de la division binaire, dont ordinairement la nouvelle signification est indiquée par le chiffre 3 placé au-dessus ou au-dessous du groupe.

Triolet.

EXEMPLE :

Valeur simple :   Même valeur.

Division ternaire :   Division binaire :

triolet

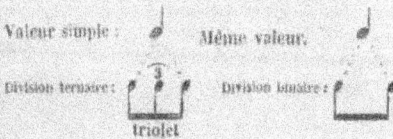

On voit, par cet exemple, que chaque croche du *triolet* ne vaut plus que le *tiers* de la noire.

210. Chacune des notes d'un triolet pouvant, comme toute autre valeur, se diviser en deux moitiés, il en résultera un groupe de six notes égales, auquel on donne le nom de *sixain* ou de *sixtiolet*.

Sixains ou sixtiolets.

EXEMPLE :

Triolet :

Division binaire des croches du triolet :

sixain

_____

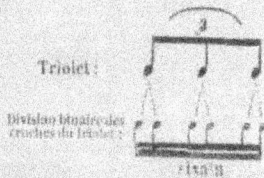

(1) Quelquefois la valeur qui doit recevoir une division ternaire ne pourrait être figurée par une note pointée. C'est alors qu'il faut nécessairement avoir recours au *triolet*.

EXEMPLES :

Valeur à diviser :		Valeur à diviser :
Division :		Division binaire de la blanche pointée *
Subdivision :		Subdivision :
Division ternaire de la noire :		Division ternaire de la croche :

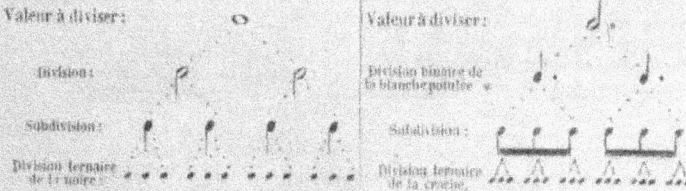

* La blanche pointée, au lieu d'être divisée tout naturellement en trois notes, reçoit dans cet exemple une division binaire ; ce qui donne deux noires pointées, élément ternaire.

241. Le sixain s'indique au moyen du chiffre 6 placé au-dessus ou au-dessous du groupe, et signifiant : six notes pour quatre de la même figure.

EXEMPLES :

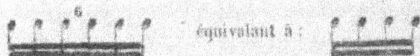

équivalant à :

Différence
entre le sixain
et le double
triolet.

242. Il faut se garder de confondre le sixain avec le *double triolet*. Celui-ci serait également composé de six notes, mais *groupées par trois*, et non deux par deux comme celles du sixain.

En effet, le sixain résulte de la division *binaire* d'un produit ternaire; et le double triolet, de la division *ternaire* d'un produit binaire.

EXEMPLE :

On comprend qu'en raison de l'accentuation qui doit marquer ces divisions (voyez ci-après, § 226), l'effet rhythmique de ces deux groupes sera très-différent.

EXEMPLE :

Les silences
peuvent en-
trer dans la
formation des
triolets et
des sixains.

243. Les silences peuvent entrer dans la formation des triolets et des sixains. Le silence est alors d'une valeur égale à celle de la note dont il tient la place.

EXEMPLE :

(1) Il n'y aurait pas de confusion possible, si les compositeurs avaient toujours la précaution d'écrire le double triolet ainsi que nous l'avons fait dans cet exemple. Mais trop souvent, par négligence, ils marquent également d'un 6 le groupe du sixain et celui du double triolet, laissant à la sagacité de l'exécutant le soin de deviner leur intention.

214. On rencontre quelquefois des groupes composés de cinq notes, de sept, de neuf, ou d'autres nombres pairs ou impairs. Alors, comme pour le triolet et le sixain, le chiffre indicateur du nombre des notes dont se compose le groupe est écrit au-dessus. *Valeurs irrégulières.*

EXEMPLES :

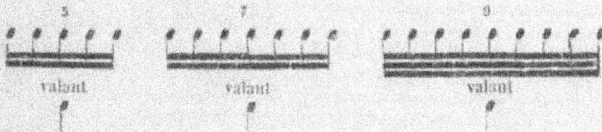

Ces valeurs irrégulières sont peu usitées.

215. On peut souder les unes aux autres les différentes valeurs, de manière à former de nouvelles combinaisons de durée. Le signe qui indique cette soudure se nomme *liaison* ⌢. Les deux notes réunies par la liaison n'en font plus qu'une. *Liaison*

EXEMPLES :

Dans le premier de ces trois exemples, la ronde liée à la blanche forme une valeur qui pourrait être plus simplement figurée par une ronde pointée ; mais les valeurs indiquées aux deux autres exemples ne pourraient être écrites sans le secours de la liaison.

216. Plusieurs valeurs consécutives pouvant être ainsi réunies par des liaisons, le compositeur aura le moyen d'indiquer telle prolongation de durée qu'il lui plaira de donner au son. *Tenues.*

EXEMPLES :

Une semblable prolongation d'un même son se nomme une *tenue*.

RÉSUMÉ.

A. La durée proportionnelle des sons s'indique au moyen de la figure qu'on donne aux notes.

B. Par leur position sur la portée, les notes marquent l'intonation ; par leurs formes diverses, elles marquent la durée.

C. Les noms que reçoivent les notes, comme signes de durée, se rapportent à leur forme. Ces noms sont :

Ronde, blanche, noire, croche, double croche, etc.

D. Les figures de notes, désignées par ces noms, indiquent ordinairement des valeurs binaires : la *ronde* vaut deux *blanches*; la *blanche* vaut deux *noires,* etc.

E. Il y a, pour chaque valeur de note, un signe de silence correspondant : la *pause,* qui équivaut à la *ronde*; la *demi-pause,* à la *blanche*; le *soupir,* à la *noire*; le *demi-soupir,* à la *croche,* etc.

F. A ces signes de valeur (notes ou silences), on peut appliquer le *point d'augmentation,* lequel a pour effet d'accroître de moitié la durée de la note ou du silence dont il est précédé ; une ronde valait deux blanches; pointée, elle en vaudrait trois. Le point d'augmentation rend donc la valeur qui le reçoit divisible par trois.

G. On peut placer après une note deux et même trois points d'augmentation ; chacun de ces points égale la moitié de la valeur dont il est immédiatement précédé.

H. Les signes que nous venons de mentionner expriment des rapports binaires; cependant la division ternaire de la durée est aussi fort naturelle.

I. Il n'y a pas de figure particulière pour noter les produits de cette division.

J. Le point d'augmentation est souvent employé comme moyen de division ternaire : on pointe la note afin de la rendre divisible par trois.

K. Mais il y a des cas où une *valeur simple* doit recevoir la division ternaire. Pour exprimer cette division, il faut avoir recours au *triolet*.

L. Un *triolet* est donc un groupe de trois notes égales équivalant à une valeur simple (une note non pointée).

M. On écrit le triolet avec les figures de la division binaire, mais en marquant le groupe du chiffre 3.

N. Si l'on divise par deux chacune des notes d'un triolet, il en résulte un groupe de six notes qu'on nomme *sixain* ou *sixtiolet*.

O. Le sixain est indiqué par le chiffre 6 placé au-dessus du groupe.

P. Le sixain ne doit pas être confondu avec le *double triolet*, l'accentuation rhythmique groupant par deux les notes du sixain (trois fois deux notes), et par trois les six notes du double triolet (deux fois trois notes).

Q. On rencontre quelquefois des groupes de valeurs irrégulières. Comme pour le triolet et le sixain, on marque le groupe du chiffre indiquant le nombre de notes qu'il renferme, et dont l'ensemble doit égaler la durée d'une valeur régulière.

R. Par le signe ⌢, nommé liaison, on réunit les différentes valeurs, et l'on obtient de nouvelles combinaisons de durée.

EXERCICES.

RÉPONDRE AUX QUESTIONS SUIVANTES.

(Sur les principes.)

Comment indique-t-on la durée proportionnelle des sons ? — A.

Comment une même note marque-t-elle en même temps l'intonation et la durée ? — B.

Quels noms donne-t-on aux diverses figures par lesquelles on exprime la durée proportionnelle des sons ? — C.

Quels sont les rapports de durée indiqués par ces divers signes? — D.

Quels noms donne-t-on aux divers signes de silence? — E.

Quels sont les rapports de durée indiqués par ces divers silences? — E.

Chacune des valeurs (notes ou silences) ne peut-elle être augmentée de moitié? Quel est le signe de cette augmentation? — F.

Peut-on placer plus d'un point d'augmentation après une note ? — G.

Les sons n'ont-ils entre eux d'autres rapports de durée que ceux qui proviennent de la division binaire ? — H.

Les notes reçoivent-elles une forme particulière pour marquer la division ternaire ? — I.

Quel moyen emploie-t-on pour rendre une note divisible par trois ? — J.

A quel moyen a-t-on recours pour écrire les valeurs résultant de la division ternaire des notes simples (notes non pointées)? *— K.*

Définissez le TRIOLET. *— L.*

Comment marque-t-on le triolet ? — M.

Qu'est-ce qu'un SIXAIN *ou* SIXTIOLET ? *— N.*

Comment le marque-t-on ? — O.

En quoi le sixain diffère-t-il du DOUBLE TRIOLET ? *— P.*

Ne rencontre-t-on pas quelquefois d'autres valeurs que les précédentes ? — Q.

De quel secours peut être la LIAISON *dans la notation de la* DURÉE ? *— R.*

(Sur l'application.)

Combien faudrait-il de notes de telle figure pour égaler telle valeur simple ? telle valeur pointée ? doublement pointée ?

Quel est le silence égal à telle valeur de note ?

(Ou la question inverse.)

Quel serait le triolet égalant une note de telle valeur ?

Combien faudrait-il de triolets de telle sorte pour égaler telle valeur ?

DE LA MESURE.

217. La durée totale d'un morceau de musique est toujours fractionnée en *courtes* et *égales* portions de durée, marquées, à leur début, par un son plus accentué.

Mesure (sens général). Ce fractionnement de la durée musicale en courtes et égales portions est ce qui constitue la *mesure*.

Sentir la mesure, jouer en mesure, c'est sentir et observer l'égalité de cette division, et marquer exactement l'accentuation qui la rend saisissable.

Le mot *mesure*, pris dans ce sens, est à peu près synonyme de *rhythme* (1).

(1) Le rhythme (du grec rhythmos, nombre, mesure) signifie en général « les proportions qu'ont entre elles les parties d'un même tout ». En musique, ce terme désigne, comme nous l'avons vu, la durée proportionnelle du temps qui s'écoule entre l'articulation de chaque son. On peut donc dire

218. Chacun de ces fragments de durée forme ce que l'on appelle *une* Mesure (sens restreint). *mesure*. Ainsi on indique la longueur d'un morceau en signalant le nombre de *mesures* dont il se compose.

219. Pour figurer les mesures, dans l'écriture musicale, on divise la portée Système graphique. au moyen de lignes qui la traversent perpendiculairement. Ces lignes se nomment *barres de mesure* ou *de séparation* (*Premières notions*).

220. L'espace compris entre deux barres de mesure consécutives se nomme une mesure (*Premières notions*), tout comme le fragment de durée dont il sert à écrire les signes.

221. Ces signes, on le conçoit, doivent représenter une somme de valeurs égale pour chaque mesure (*Premières notions*).

222. Une mesure se divise elle-même en deux, trois ou quatre parties Temps de la mesure. égales, qu'on appelle *temps*.

223. On compte donc trois espèces de mesures : la mesure à *deux temps*, la mesure à *trois temps* et la mesure à *quatre temps* (*Premières notions*).

224. Cependant on peut dire qu'il n'y a en réalité que la mesure à deux Mesure binaire temps ou *binaire*, et la mesure à trois temps ou *ternaire* ; car la mesure à et mesure ternaire. quatre temps peut toujours être transformée en mesure à deux temps.

225. Le premier temps est appelé *temps fort*, parce qu'il porte l'accen- Temps fort et temps faibles. tuation qui marque la mesure. Les autres temps sont, par rapport à celui-ci, des *temps faibles*.

Dans la mesure à quatre temps, le premier temps est fort, et le troisième est demi-fort. Le deuxième et le quatrième temps sont faibles (1).

226. Chaque temps, fort ou faible, se divise et se subdivise lui-même en Division des temps.

du rhythme comme de la mesure, que c'est « l'ordre dans le temps ». (F. Halévy, *Leçons de lecture musicale*.)

Le rhythme se fait sentir et acquiert même un effet puissant par le retour périodique des mêmes formes symétriques, des mêmes combinaisons de durée. Supposons, par exemple, une noire suivie de deux croches, cette forme rhythmique est, par elle-même, insignifiante et associée à d'autres combinaisons, elle ne fera sur l'oreille aucune impression ; mais que cette même forme se reproduise sans interruption durant un certain temps, son action va s'accroître, et elle peut acquérir une grande puissance.

Le mot *rhythme* se prend aussi dans une acception plus large. Il s'applique alors aux proportions qui existent entre les diverses *phrases* ou portions de phrases musicales, c'est-à-dire, à la symétrie dans la ponctuation mélodique, ou *phraséologie* musicale, qu'on désigne sous le nom de *carrure des phrases*.

On appelle *phrase musicale* une succession de sons, un groupe de mesures, dont l'ensemble constitue une idée mélodique.

(1) Cette distinction des temps dans la mesure à quatre temps n'infirme en rien ce que nous venons de dire au § 224, car les rapports d'intensité, dans les diverses parties de la mesure, seraient les mêmes si, au lieu de la partager en quatre temps, on ne la divisait qu'en deux. Le temps demi-fort, faible relativement au premier, deviendrait alors le second temps, et les temps faibles de la division en quatre temps ne figureraient plus dans la division en deux temps que comme *partie faible* de ces temps (§ 226).

11

plusieurs parties. La première partie de chacune de ces divisions ou subdivisions, est toujours, par rapport aux autres, une partie forte.

Classification des mesures.

227. On classe les mesures en *mesures simples* et en *mesures composées*.

Mesures simples.

228. On nomme *mesures simples* celles dont les *temps* sont *binaires*, c'est-à-dire divisibles par deux.

Notation des mesures simples.

229. La somme des valeurs formant chaque temps d'une mesure simple égale toujours un signe de valeur simple : une ronde, une blanche, une noire ou une croche non pointées. (Voy. le tableau des mesures, pages 163 et 164.)

Mesures composées.

230. On appelle *mesures composées* celles dont les *temps* sont *ternaires*, c'est-à-dire divisibles par trois.

Notation des mesures composées.

231. La somme des valeurs formant chaque temps d'une mesure composée égale toujours un signe de valeur pointé : ronde, blanche, noire ou croche pointées (1). (Voy. le tableau des mesures, pages 163 et 164.)

Quatre formes de notation.

232. Chacun de ces quatre signes, la ronde, la blanche, la noire, la croche, pouvant, dans chaque espèce de mesure, représenter la valeur d'un temps, on aura quatre formes de notation pour exprimer de mêmes rapports rhythmiques (2).

Comment on indique les mesures.

233. On indique les diverses mesures par des chiffres, sous forme de fractions dont l'unité est la ronde.

Le chiffre supérieur (le numérateur) indique la *quantité* de valeurs formant la mesure, et le chiffre inférieur (le dénominateur) marque la *qualité* de ces valeurs.

Ainsi, ces chiffres $\frac{2}{4}$ signifient que la mesure est formée de *deux quarts* de ronde, c'est-à-dire de deux noires. Ceux-ci $\frac{3}{2}$ veulent dire que la mesure contient *trois moitiés* de ronde, c'est-à-dire trois blanches.

Chiffres distinctifs des mesures simples.

234. Dans les mesures simples, le chiffre supérieur est toujours 2, 3 ou 4 ; et ces chiffres marquent le nombre des temps.

(1) Bien que les temps de la mesure composée soient exprimés par un signe de valeur *pointé*, il ne s'ensuit pas qu'ils soient nécessairement plus longs que ceux de la mesure simple qui sont représentés par un signe de valeur simple.

En effet, la nature de la division du temps n'en détermine pas la durée : un temps se divisant par trois n'est pas plus grand qu'un temps se divisant par deux ; dans l'un et l'autre cas, sa durée est toujours essentiellement arbitraire.

Dans ce sens, on peut donc dire que le point d'*augmentation* servant à formuler la valeur ternaire du temps, dans les mesures composées, est une véritable fiction, et qu'il doit être considéré alors plutôt comme signe de division que comme signe d'augmentation.

Cette remarque est applicable à l'emploi du point d'augmentation servant à formuler la valeur totale d'une mesure ternaire.

(2) Ces quatre formes de notation avaient pour objet de marquer quatre degrés de *mouvement*, et elles étaient désignées par les noms de *mesures doubles*, de *mesures longues*, de *mesures courantes* et de *mesures brèves*.

Maintenant qu'on a le moyen d'indiquer exactement la durée *absolue* d'une valeur, et en conséquence le degré de vitesse du mouvement, une seule de ces quatre manières d'écrire suffirait ; et, en effet, plusieurs ont été abandonnées. Mais cela ne s'est pas fait avec uniformité et méthode : et l'usage de plusieurs de ces formes graphiques a été conservé pour certaines mesures, tandis qu'il a été abandonné pour d'autres.

235. Dans les mesures composées, ces chiffres 2, 3 ou 4, sont remplacés par leur multiple 6, 9 et 12.

Chiffres distinctifs des mesures composées.

236. Pour certaines mesures simples, les chiffres indicateurs sont remplacés, le plus souvent, par un signe de convention.

237. Les chiffres indicateurs de la mesure, ou les signes qui les remplacent, se posent en tête du morceau, sur la portée et immédiatement après l'armure de la clef (*Premières notions*).

Position des chiffres indicateurs de la mesure.

238. On est dans l'usage de désigner les mesures par le nom des chiffres fractionnaires qui les représentent.

Par quels noms on désigne les diverses mesures.

Ainsi, la mesure formée de deux quarts de ronde (deux noires), et chiffrée en conséquence par $\frac{2}{4}$, s'appelle mesure à *deux-quatre*. Celle formée de trois demies (trois blanches), et représentée par $\frac{3}{2}$, se nomme mesure à *trois-deux*. La mesure contenant six huitièmes de ronde (six croches), et marquée par $\frac{6}{8}$, est appelée mesure à *six-huit*; et ainsi des autres.

239. A chaque mesure simple, correspond une mesure composée, et *vice cersà*.

Correspondance entre les mesures simples et les mesures composées.

240. Une mesure simple étant donnée, il suffit, pour obtenir la mesure composée correspondante, d'ajouter un point à la valeur qui constitue un temps dans cette mesure simple, c'est-à-dire, de rendre la valeur du temps divisible par trois; et, réciproquement, il n'y a qu'à supprimer le point à la valeur qui représente le temps dans une mesure composée, pour trouver la mesure simple correspondante.

241. En multipliant par trois le chiffre supérieur d'une mesure simple, et par deux le chiffre inférieur, on obtient les chiffres indicateurs de la mesure composée correspondante. Ainsi, à la mesure simple à $\frac{2}{4}$ correspond la mesure composée à $\frac{6}{8}$; la mesure simple à $\frac{3}{4}$ a pour correspondante la mesure composée à $\frac{9}{8}$, etc.

Comment par les chiffres indicateurs d'une mesure simple, on connaît ceux de la mesure composée correspondante. Et réciproquement.

Si, au contraire, on voulait connaître les chiffres indicateurs de la mesure simple au moyen de ceux de la mesure composée, il faudrait faire l'opération inverse, c'est-à-dire, diviser le chiffre supérieur par trois, et le chiffre inférieur par deux. De cette manière, $\frac{6}{8}$ donnera $\frac{2}{4}$; ou $\frac{9}{8}$, $\frac{3}{4}$.

242. Les diverses mesures, avec leurs quatre formes de notation, peuvent se formuler ainsi :

Tableau des diverses mesures simples et composées.

MESURES SIMPLES (TEMPS BINAIRES).		MESURES COMPOSÉES (TEMPS TERNAIRES).	
Pour chaque temps.	1° Une ronde. 2° Une blanche. 3° Une noire. 4° Une croche.	Pour chaque temps.	1° Une ronde pointée. 2° Une blanche pointée. 3° Une noire pointée. 4° Une croche pointée.
A DEUX TEMPS.		A DEUX TEMPS.	
A TROIS TEMPS.		A TROIS TEMPS.	
A QUATRE TEMPS.		A QUATRE TEMPS.	

Toutes ces mesures, et les chiffres ou signes qui les indiquent, sont présentés dans le tableau suivant :

TABLEAU GÉNÉRAL DE TOUTES LES MESURES SIMPLES ET COMPOSÉES

(USITÉES OU INUSITÉES).

	MESURES SIMPLES (temps binaires.)	MESURES COMPOSÉES (temps ternaires.)
Mesures à deux temps.	$\frac{2}{1}$ — 1° Une ronde par temps.	$\frac{6}{2}$ — 1° Une ronde pointée par temps.
	$\frac{2}{2}$ ou 2 ou C — 2° Une blanche par temps.	$\frac{6}{4}$ — 2° Une blanche pointée par temps.
	$\frac{2}{4}$ — 3° Une noire par temps.	$\frac{6}{8}$ — 3° Une noire pointée par temps.
	$\frac{2}{8}$ — 4° Une croche par temps.	$\frac{6}{16}$ — 4° Une croche pointée par temps.
Mesures à trois temps.	$\frac{3}{1}$ — 1° Une ronde par temps.	$\frac{9}{2}$ — 1° Une ronde pointée par temps.
	$\frac{3}{2}$ — 2° Une blanche par temps.	$\frac{9}{4}$ — 2° Une blanche pointée par temps.
	$\frac{3}{4}$ ou 3 — 3° Une noire par temps.	$\frac{9}{8}$ — 3° Une noire pointée par temps.
	$\frac{3}{8}$ — 4° Une croche par temps.	$\frac{9}{16}$ — 4° Une croche pointée par temps.
Mesures à quatre temps.	$\frac{4}{1}$ — 1° Une ronde par temps.	$\frac{12}{2}$ — 1° Une ronde pointée par temps.
	$\frac{4}{2}$ — 2° Une blanche par temps.	$\frac{12}{4}$ — 2° Une blanche pointée par temps.
	$\frac{4}{4}$ ou 4 ou C — 3° Une noire par temps.	$\frac{12}{8}$ — 3° Une noire pointée par temps.
	$\frac{4}{8}$ — 4° Une croche par temps	$\frac{12}{16}$ — 4° Une croche pointée par temps.

Mesures
usitées dans
la musique
moderne.

243. Les mesures simples les plus usitées dans la musique moderne, sont celles où la noire forme la valeur du temps.

On emploie aussi très-souvent la mesure à deux temps, ayant une blanche par temps, c'est-à-dire la mesure à *deux-deux*.

Enfin, parmi les mesures où la croche est prise pour valeur du temps, on n'emploie généralement que la mesure à *trois-huit*.

Quant aux mesures composées à deux, à trois ou quatre temps, on ne fait guère usage que de celles où le temps est représenté par la valeur de la noire pointée.

Mesure
à cinq temps.

244. Nous devons ajouter qu'on a fait quelques essais de mesure à cinq temps. Mais il est peu probable que l'emploi d'une telle mesure se généralise, à cause de la difficulté que l'oreille éprouve à apprécier le rhythme quinquennaire (1).

Les mesures à cinq temps se chiffreraient d'après les principes établis pour les autres mesures.

SYNCOPES ET CONTRE-TEMPS.

245. La *syncope* est un déplacement de l'accentuation rhythmique. Dans l'ordre ordinaire, le son est articulé sur le temps fort (ou sur la partie forte du temps), et finit sur le temps faible (ou sur la partie faible du temps). Comme de raison, l'accentuation résultant des lois mêmes de la mesure concorde avec cette articulation.

EXEMPLE :

(*) Par ce signe $>$ nous figurons l'effet d'intensité du son, et l'on voit qu'articulé, avec accent, sur le temps fort, le son expire sur le temps faible.

Définition
de la syncope.

La syncope consiste dans la disposition inverse : le son est articulé, avec accent, sur le temps faible (ou sur la partie faible du temps), et il expire sur

(1) Il ne faut pas confondre le rhythme quinquennaire avec la mesure à cinq temps qui résulterait de la réunion d'une mesure à deux temps et d'une mesure à trois temps. Un tel assemblage présenterait deux temps forts à des intervalles *inégaux*, tandis que dans la mesure véritablement quinquennaire, comme dans la mesure binaire et dans la mesure ternaire, le premier temps seul est fort, les autres temps sont relativement faibles. Le temps fort fractionnant ainsi la durée en parties *égales* est, on l'a vu § 217, ce qui constitue la mesure.

le temps fort (ou sur la partie forte du temps) ; de cette manière, le son (ainsi que la note qui le représente) se trouve coupé par le temps. C'est ce qu'exprime le mot syncope (1).

EXEMPLE :

Déplacement par la syncope des notes de l'exemple précédent.

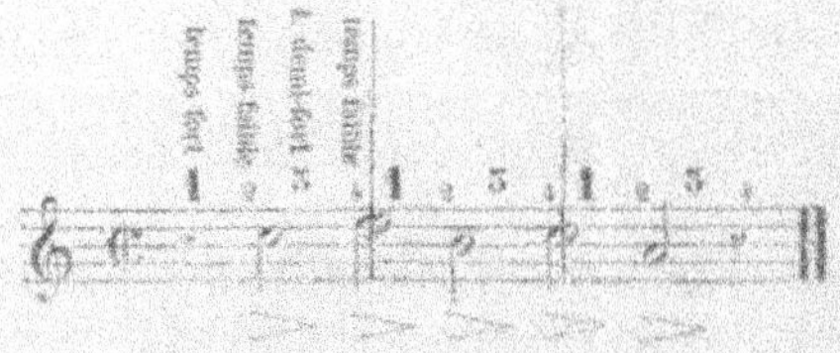

On voit qu'ici l'articulation et l'accentuation portent sur le temps faible, et que le son expire sur le temps fort.

246. La manière ci-dessus de noter les syncopes était autrefois en usage, et elle fait bien comprendre le déplacement de l'accentuation rhythmique ; mais aujourd'hui, pour plus de clarté dans l'écriture, quand la note syncopée est traversée par la barre de mesure, on la décompose en deux parties qu'on réunit au moyen de la *liaison*.

Manière actuelle d'écrire l'exemple précédent.

AUTRE EXEMPLE DE SYNCOPE.

Syncopes prises sur la partie faible du temps :

Même exemple sans les Syncopes :

247. La syncope, en plaçant l'accentuation d'une manière contradictoire avec la nature des temps (ou des parties des temps) de la mesure, interrompt le cours régulier de l'effet rhythmique, et présente aux personnes peu exercées une notable difficulté d'exécution.

(1) Du grec *sun*, avec ; *copto*, je coupe.

248. La syncope est appelée *régulière* quand ses deux parties sont égales, ainsi que cela a lieu dans tous les exemples précédents. Mais les deux parties de la syncope pourraient être inégales, et alors on la nomme *syncope brisée ou irrégulière*.

Syncopes ré-
gulières
et syncopes
brisées ou
irrégulières.

EXEMPLE :

249. Cette sorte de syncope est toute naturelle dans le rhythme ternaire.

EXEMPLES DE SYNCOPES TERNAIRES.

ancienne notation

notation moderne
du même exemple

autre disposition
de la syncope

les exemples pré-
cédents sans les
syncopes

250. Quand le son est articulé sur le temps faible (ou sur la partie faible du temps), sans être prolongé sur le temps fort (ou sur la partie forte du temps), cela n'est pas une syncope, mais un simple *contre-temps*.

Contre-temps.

EXEMPLES :

Ce qui concerne la mesure est, en général, exposé dans cette étude d'une manière assez succincte; nous n'avons pas cru qu'il fût nécessaire de présenter un résumé.

EXERCICES.

RÉPONDRE AUX QUESTIONS SUIVANTES.

(Sur les principes.)

(Sur l'application.)

Combien telle mesure contiendrait-elle de notes de telle valeur ?

Comment pourrait-on chiffrer une mesure qui contiendrait tel nombre de notes de telle valeur ? (Supposons, par exemple, 24 triples croches.)

NOTA. — Pour répondre à une telle question, le moyen le plus simple est de diviser le nombre des notes par le nombre des temps de la mesure : c'est-à-dire, par 2, par 3 et par 4.

Essayons cette opération sur nos 24 triples croches, nous aurons :

Pour la mesure à 2 temps (24 divisé par 2), 12 triples croches, c'est-à-dire une pour chaque temps ; donc mesure à $\frac{6}{8}$.

Pour la mesure à 3 temps (24 divisé par 3), 8 triples croches, c'est-à-dire une pour chaque temps ; donc mesure à $\frac{3}{4}$.

Pour la mesure à 4 temps (24 divisé par 4), 6 triples croches, c'est-à-dire une pour chaque temps ; donc mesure à $\frac{12}{16}$.

EXERCICES PRATIQUES.

Dictées rhythmiques.

D'abord seulement rhythmiques, c'est-à-dire sur un même son.

Puis joignant l'intonation au rhythme.

II.

DURÉE ABSOLUE, OU **MOUVEMENT.**

251. La notation indique, comme nous l'avons vu, des rapports proportionnels de durée, mais nullement la durée positive d'une valeur prise en elle-même.

Ainsi, nous savons que la noire dure moitié moins que la blanche, et celle-ci moitié moins que la ronde. Ce sont là des proportions; mais quelle doit être la durée de cette ronde, et par conséquent des autres valeurs qui en sont les fractions?

252. La durée positive dévolue à chaque signe de valeur, pris en lui-même, est ce que nous appellerons la *durée absolue*.

253. Le temps qui constitue cette durée est déterminé arbitrairement pour chaque morceau : une ronde peut durer quatre *secondes*, comme elle peut en durer huit, comme elle peut n'en durer que deux (1).

254. Cette variété dans la *durée absolue des valeurs* ne change rien à leur *durée relative*, c'est-à-dire aux proportions de durée qui existent entre elles.

Mouvement. 255. Cette durée absolue des sons constitue le MOUVEMENT, qui peut être défini : le degré de lenteur ou de vitesse dans la mesure.

256. Le compositeur doit avoir le moyen d'indiquer d'une manière précise le mouvement du morceau qu'il écrit, puisque sans l'exacte observation de ce mouvement, sa pensée ne serait pas rendue fidèlement.

Comment on indique le mouvement. 257. A cet effet, on n'avait d'abord trouvé rien de mieux que de placer en tête du morceau certains mots (2) faisant connaître, tant bien que mal le mouvement.

---

(1) La différence qui, selon le cas, peut exister dans la durée absolue d'un même signe de valeur est telle, que, dans certains morceaux, cinq rondes suffiront pour remplir l'espace d'une minute, tandis que dans d'autres on en fera trente ou quarante dans le même espace de temps.

(2) Les mots qui fournissent les indications intercalées dans la notation musicale sont généralement empruntés à la langue italienne.

L'usage universel d'un même vocabulaire et de mêmes signes de notation constitue, en faveur de la musique, une précieuse prérogative.

Ainsi les mots :

Largo. . . . . (largement);
Lento. . . . . (lent);
Grave. . . . . (gravement);
Adagio. . . . (posément);
Andante . . (allant), mouvement modéré mais d'un rhythme sensible;
Allegro. . . . (gaiement), désignant un certain degré de vitesse, abstrac-
                tion faite du caractère gai ou triste ;
Presto. . . . (vite),

indiquèrent les principaux degrés de lenteur ou de vitesse.

On eut de plus :

Larghetto. . (diminutif de largo);
Andantino . (diminutif d'andante);
Allegretto. . (diminutif d'allegro);
Prestissimo . (superlatif de presto).

La signification de ces diverses expressions se trouve quelquefois modifiée par l'adjonction des mots : *un poco*, un peu ; *molto*, beaucoup ; *assai* expri-mant une nuance plus forte que *molto*, et enfin *non troppa*, pas trop.

On emploie, en outre, d'autres mots tels que :

Cantabile . . . . (commode à chanter);
Moderato . . . . (modérément) ;
Sostenuto . . . . (soutenu);
Affettuoso . . . . (affectueusement) ;
Amoroso . . . . (avec tendresse);
Scherzo ou *scherzando*. (en badinant);
Brioso ou *con brio*. . . (d'une manière vive et brillante) ;
Con fuoco . . . . (avec feu) ;
Con anima . . . . (avec âme) ;
Risoluto. . . . . (d'une manière résolue) ;
Agitato . . . . (avec agitation) ;
Vivace. . . . . (vivement) ;
Etc., etc.,

se rapportant au caractère et à l'expression du morceau, et servant à faire mieux saisir la nuance particulière de son mouvement.

Mais toutes ces expressions, toutes ces épithètes, n'indiquent rien de précis; ce ne sont que des données vagues, au moyen desquelles on devine approximativement l'intention de l'auteur (1).

(1) Autrefois, avant que l'usage se fût établi d'indiquer le mouvement au moyen de semblables mots, on avait imaginé de le désigner, pour certains morceaux de musique instrumentale, par les noms d'airs de danse en vogue dont l'allure bien connue se rapportait au mouvement qu'il fallait

Métronome.   **258.** Il fallait un instrument propre à mesurer le temps musical, et qui permît de transmettre partout et toujours, avec une précision mathématique et d'une manière sensible, toutes les nuances imaginables du mouvement.

Plusieurs essais plus ou moins heureux furent tentés pour la construction d'une semblable machine; enfin on en adopta une qui parut remplir toutes les conditions désirables. C'est le *métronome*.

Inventé par le mécanicien Winckel (d'Amsterdam), il fut perfectionné, en 1815, par Maëlzel, qui lui donna son nom.

Voici en quoi consiste cet instrument.

Dans une boîte se trouve fixé un balancier, dont la tige se prolonge par en haut.

Sur cette partie de la tige, la seule apparente, glisse à volonté un contre-poids mobile, ralentissant ou accélérant les oscillations du balancier, selon qu'il est placé plus ou moins haut.

Une échelle numérotée, placée derrière le balancier, marque le nombre d'oscillations qu'il accomplit dans un temps donné.

La durée de ces oscillations est d'ailleurs rendue sensible à l'ouïe par le bruit, l'espèce de tic-tac que produit la machine à chaque oscillation du pendule.

L'inventeur a pris pour unité de temps la *minute*; et le numéro de l'échelle à la hauteur duquel on place le contre-poids indique le nombre de coups que frappe le métronome pendant une minute. Ainsi, le contre-poids étant mis sur le n° 50, le métronome battra cinquante coups par minute; s'il est placé devant le n° 80, l'instrument fera entendre quatre-vingts coups dans le même temps.

Pour marquer le mouvement d'un morceau, le compositeur inscrit en tête un signe de *valeur* accompagné du numéro du métronome indiquant la durée absolue de cette *valeur*. Par exemple, cette indication : $\downarrow = 60$ (blanche égale 60), signifie que la blanche doit durer la soixantième partie d'une minute, mouvement donné par les battements du métronome, quand le contre-poids est au n° 60. Cette autre indication : $\downarrow = 108$ (noire égale 108), veut dire qu'ici la noire durera la cent huitième partie d'une minute, mouvement fourni par les battements de la machine, alors que le contre-poids est mis au n° 108.

Modifications accidentelles dans le mouvement.   **259.** Souvent il y a, dans un morceau, certains passages dont l'expression exige que le mouvement soit pressé ou ralenti.

Ces modifications passagères dans le mouvement général sont indiquées par des mots tels que :

donner au morceau. Les titres de *menuet, allemande, gigue, sarabande, chaconne, courante*, etc., étaient ainsi donnés à des morceaux qui, sans avoir le caractère de ces danses, en avaient le mouvement. Mais cette manière de faire connaître le mouvement n'en pouvait embrasser toutes les variétés, et d'ailleurs elle dut être abandonnée avec l'usage de ces danses.

Rallentando, par abréviation	*rall.*	(en ralentissant);
Ritardando.	—	*ritard.*	(en retardant);
Ritenuto. . .	—	*riten.*	(en retenant);
Slargando. .	—	*slarg.*	(en élargissant);
Accelerando.	—	*accel.*	(en accélérant);
Stringendo .	—	*string.*	(en pressant).

Quand doit cesser cette perturbation momentanée, les mots *tempo primo*, ou *a tempo*, indiquent qu'il faut reprendre le premier mouvement.

260. Quelquefois la marche de la mesure doit être totalement suspendue. Suspension de la mesure : Point d'orgue. Point d'arrêt. Cette suspension s'indique au moyen du signe ⌒, lequel prend le nom de *point d'orgue*, quand il est appliqué à une note ; de *point d'arrêt*, quand il est mis à un signe de silence.

261. Le point d'orgue signifie que la note au-dessus ou au-dessous de laquelle il est placé doit être prolongée pendant une durée indéterminée.

Dans certains cas, cette sorte de repos est pour l'exécutant l'occasion de déployer son habileté et son goût dans des traits de fantaisie qu'il introduit pendant la suspension de la mesure. Un semblable trait se nomme également *Point d'orgue* (1). Il s'écrit en petites notes, et on l'exécute à volonté.

Le point d'arrêt indique que la durée du silence au-dessus ou au-dessous duquel il est placé, doit être prolongée.

262. *Battre la mesure*, c'est en marquer les principales divisions par des Comment et pourquoi on bat la mesure. mouvements de la main ou du pied. On établit ainsi une sorte de balancier qui régularise le mouvement de la mesure et qui en fait mieux sentir les divisions. Mais on bat surtout la mesure, dans la musique d'ensemble, afin d'obtenir plus de précision et d'unité dans l'exécution.

Dans toutes les mesures, le premier temps se marque en frappant, et le dernier, au contraire, en levant.

Voici les figures qui représentent la direction des mouvements par lesquels on *bat* les mesures à deux, à trois et à quatre temps.

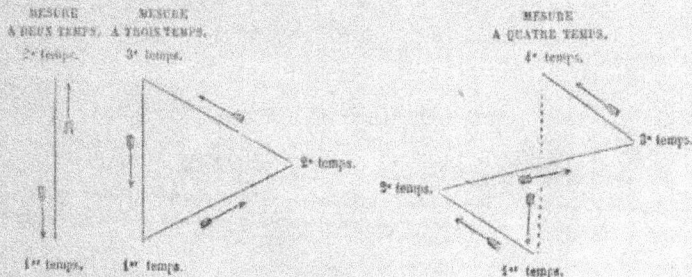

MESURE À DEUX TEMPS.   MESURE À TROIS TEMPS.   MESURE À QUATRE TEMPS.

(1) Les Italiens nomment *cadenza*, cadence (chute de phrase), cette sorte de trait, quand il précède et amène le repos final.

Quelquefois, dans les mesures fort lentes, on indique en outre, par de petits mouvements subordonnés aux principaux, la division de chaque temps.

EXEMPLES :

MESURE SIMPLE A DEUX TEMPS.　　　　　　MESURE COMPOSÉE A DEUX TEMPS.

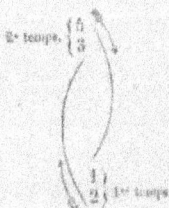

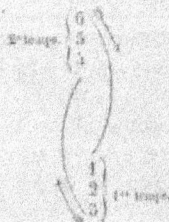

EXERCICES.

RÉPONDRE AUX QUESTIONS SUIVANTES :

EXERCICES PRATIQUES.

Continuer les dictées.

APPENDICES.

DE L'EXPRESSION ET DES NUANCES DANS L'EXÉCUTION.

263. Nous connaissons maintenant tous les éléments du langage musical, et les signes divers employés pour sa notation; nous savons donc lire et écrire la musique.

Mais le pouvoir magique de cette langue des sons est tout entier dans l'âme même de celui qui l'écrit et qui la parle; dans ce sentiment instinctif de l'exécutant qui, par les inflexions de la voix, l'accent, les nuances de douceur et de force, sait donner à la phrase, au morceau entier, le caractère, la couleur et la vie.

On appelle *expression* cette manière de dire par laquelle le musicien émeut ceux qui l'écoutent. *Expression.*

264. Les *nuances*, suivant le sens technique de ce mot, sont les modifications dans l'intensité, dans l'accent, dans l'articulation et l'émission du son; en un mot, les moyens matériels par lesquels se traduit le sentiment de l'artiste. *Nuances.*

L'auteur peut indiquer les nuances, mais il ne peut donner ni même indiquer le sentiment qui les a dictées et qu'elles doivent exprimer.

Aussi les signes de nuances, écrits quelquefois avec profusion dans la musique moderne, ne sont-ils que d'un faible secours à celui qui, ne possédant pas le sentiment inné de l'art, ne peut les rendre qu'à la façon d'un automate.

C'est pourquoi les anciens compositeurs marquaient peu de *nuances*; ils préféraient s'en rapporter, pour l'interprétation de leur pensée, au goût et à l'intelligence musicale de l'exécutant.

Toutefois, quand il s'agit de musique d'ensemble, il est indispensable que les nuances soient marquées avec précision; sans cela, chacun des exécutants s'abandonnant à ses impressions personnelles, il n'y aurait que confusion là où doit régner l'unité la plus parfaite.

265. C'est encore à la langue italienne qu'on emprunte généralement les termes servant à marquer les nuances.

Voici les expressions les plus usitées :

Piano. . . .	par abréviation	*p.*	(faible) ;
Pianissimo .	—	*pp.*	(très-faible) ;
Dolce	—	*dolc* . . .	(doux) ;
Diminuendo.	—	*dimin.* . . .	(en diminuant) ;
Smorzando. .	—	*smorz.* . . .	(en éteignant le son) ;
Morendo. . .	—	*mor* . . .	(en mourant) ;
Decrescendo .	—	*decresc.* . .	(en décroissant) ;
Perdendosi. .	—	*perd.* . .	[en se perdant (le son)] ;
Mezzo voce. .	—	*mez. voc.*	
Sotto voce. .	—	*sot. voc.* . .	(à demi-voix ou à demi-jeu) ;
Sforzando. .	—	*sfz.*	(en forçant) ;
Rinforzando.	—	*rfz.*	(en renforçant) ;
Crescendo. .	—	*cresc.* . . .	(en croissant) ;
Mezzo forte.	—	*m. f.* . . .	(demi-fort) ;
Forte.	—	*f.*	(fort) ;
Fortissimo. .	—	*ff.*	(très-fort) ;
Calando. . .	—	*cal.* . . .	(en calmant) ;
Piano forte.	—	*p. f.*	(faible et fort successivement) ;
Forte piano.	—	*f. p.*	(fort et faible successivement).

266. On indique aussi par ce signe ——— la nuance du *crescendo ;* par celui-ci ———, la nuance du *diminuendo ;* enfin, de cette manière ———, la succession du *crescendo* et du *diminuendo.*

267. La *liaison* portant sur plusieurs notes d'intonations diverses signifie qu'il faut les exécuter en glissant de l'une à l'autre.

Cet effet est exprimé par le mot *legato* (lié) ou bien *strisciato* (coulé).

EXEMPLE :

268. L'effet contraire, désigné par le mot *staccato* (détaché), est marqué au moyen de points allongés, placés au-dessus ou au-dessous des notes. Les sons doivent être alors attaqués avec une sorte de sécheresse, et détachés avec la plus grande légèreté possible.

EXEMPLE :

269. Un *staccato* moins prononcé serait indiqué par des points ronds.

EXEMPLE :

270. Enfin, pour des sons faiblement détachés, mais avec une certaine lourdeur, les points ronds seraient associés à la liaison (1).

EXEMPLE :

(1) On marque aussi de cette dernière manière, dans la musique de chant, le *staccato* exécuté sur une seule syllabe par des articulations successives du gosier.

ORNEMENTS MELODIQUES.

271. Quelquefois la mélodie reçoit des ornements qui, pour l'ordinaire, sont écrits en petites notes, ou figurés par des signes de convention.

Ces ornements ne comptent pas dans la mesure, mais ils prennent leur valeur sur celle des notes qui la constituent.

Les principaux ornements mélodiques : l'*appoggiature*, le *groupe*, le *mordante* et le *trille*.

L'appoggia-
ture

272. L'*appoggiature*, de l'italien *appoggiare*, appuyer, est un ornement formé d'une ou de deux notes précédant une note de valeur réelle. L'appoggiature est toujours accentuée aux dépens de la note de valeur à laquelle elle se lie.

EXEMPLE :

273. La durée de l'appoggiature dépend du caractère de la phrase et du goût de l'exécutant.

Quand l'appoggiature doit être exécutée avec rapidité, la petite note qui la représente est ordinairement barrée.

EXEMPLE :

274. L'appoggiature prend sa valeur aux dépens de celle de la note essentielle qui suit.

EXEMPLE :

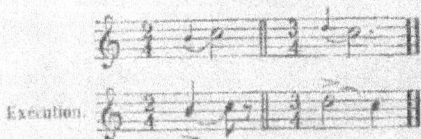

Exécution.

Pour mettre l'exécutant à l'abri de toute indécision sur la durée que doit prendre l'appoggiature, les auteurs modernes écrivent le plus souvent cet ornement en notes ordinaires mesurées, ainsi que cela a lieu dans la portée inférieure de l'exemple précédent.

275. Le *groupe*, en italien *grupetto* (petit groupe), est un ornement composé de trois ou quatre notes de peu de valeur, précédant ou suivant l'attaque de la note essentielle à laquelle il se lie.

Le groupe.

EXEMPLE :

276. Placé après la note essentielle, le groupe est souvent indiqué par ce signe ∽, remplaçant les petites notes.

EXEMPLE :

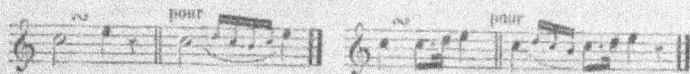

277. Le *mordante*, en italien *mordente*, consiste en deux petites notes précédant une note de valeur, ainsi que le montre l'exemple suivant :

Le mordante.

278. Souvent, au lieu d'écrire les petites notes, on indique le mordante par ce signe ⋀⋀.

EXEMPLE :

279. Le *trille*, en italien *trillo*, est l'exécution rapide de deux notes conjointes alternativement répétées. Il se fait en passant de la note essentielle à la note supérieure, et ordinairement en commençant par celle-ci.

Le trille.

Le trille se marque par les deux lettres *tr.* placées au-dessus de la note essentielle.

EXEMPLE :

280. Il y a différentes manières de commencer et de terminer le trille ; on les indique au moyen de petites notes, comme dans les exemples suivants :

281. On donnait autrefois improprement au trille le nom de *cadence*, parce que cet ornement était pratiqué le plus souvent dans les *cadences* (chutes ou terminaisons de phrase musicale).

SIGNES DE REPRISE, RENVOIS, ABRÉVIATIONS.

Pour compléter notre tâche, il nous reste à faire connaître certains signes ayant pour objet d'abréger le travail de notation.

282. La fin d'un morceau ou de ses parties principales se marque par deux barres perpendiculaires. Signes de reprise.

EXEMPLE :

Or, deux points placés auprès de ces deux barres deviennent signe de *reprise*; ils indiquent qu'on doit exécuter deux fois la partie qui se trouve de leur côté.

EXEMPLE :

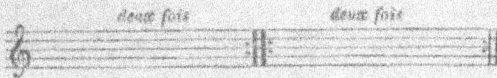

283. Les signes de *renvoi* ont plusieurs figures, dont voici les plus usitées : % ⊙ ‖ ‖ Signes de renvoi.

Celui-ci % est employé communément pour avertir, dès qu'il apparaîtra une seconde fois, qu'on devra retourner à l'endroit où il s'est précédemment montré.

284. Afin d'éviter les répétitions des mêmes notes, ou des mêmes groupes de notes, on emploie certains signes d'abréviation que les exemples suivants vont faire connaître. Abréviations.

Les abréviations ont pour avantage, non-seulement d'épargner au compositeur et au copiste un grand nombre de répétitions, mais encore de faciliter la lecture de la musique par la simplification qu'elles apportent à la notation.

EXEMPLE DES DIVERSES ABRÉVIATIONS,

ABRÉVIATIONS.

EXÉCUTION.

simili (1)

simili

(1) Semblables.

(1) *Arpège* (rad. *harpa*, harpe). Par ce mot on indique que les sons dont les accords sont formés doivent être émis successivement.

(2) Cette sorte d'ornement, propre à la musique du piano ou de harpe, est appelé en italien *acciacatura* (écrasement). Il consiste à frapper rapidement, et d'une manière successive, toutes les notes d'un accord. On l'indique aussi quelquefois par une ligne coupant obliquement l'accord.

EXEMPLE :

NOTES.

NOTE A. — Du son.

Les vibrations des corps sonores impriment à l'air des mouvements ondulatoires qui viennent frapper l'organe auditif, et y produire la sensation qui constitue le son.

Plus les vibrations sont rapides, plus le son est *aigu* ; moins elles sont rapides, plus le son est *grave*. Les corps de grandes dimensions (les cordes longues et grosses, les grands tuyaux) donnent des sons graves ; les corps de petit volume (les cordes courtes et fines, les petits tuyaux) produisent des sons aigus.

Les physiciens, partant de ce principe que *les nombres de vibrations d'une corde sont en raison inverse de sa longueur,* établissent le calcul des intervalles au moyen de la division du *monocorde* (1).

Ainsi une corde, en vibrant de toute sa longueur, produira un certain son. Si l'on raccourcit cette corde de moitié, elle donnera, dans le même temps, le double de vibrations, et produira un son qui sera l'octave supérieure du son donné par la corde entière. La quinte juste sera donnée par les deux tiers de la corde ; la quarte juste, par les trois quarts ; la tierce majeure, par les quatre cinquièmes ; la tierce mineure, par les cinq sixièmes.

NOTE B. — Sur l'origine des noms donnés aux notes.

Les six syllabes *ut, ré, mi, fa, sol, la,* sont tirées des paroles d'une hymne à l'honneur de saint Jean-Baptiste. Voici ces paroles :

> *Ut* queant laxis,   resonare fibris,
> *Mi*ra gestorum,   *fa*muli tuorum
> *Sol*ve polluti,   *la*bii reatum,
>   Sancte Joannes.

Dans le chant de cette hymne, les syllabes *ut, ré, mi, fa, sol, la,* se trouvent placées sous les six premiers sons de notre gamme, et elles servirent à les désigner.

(1) Instrument à une seule corde, laquelle peut être divisée à volonté au moyen de petits chevalets mobiles.

L'emploi de ces syllabes était un moyen mnémonique aidant ceux qui savaient le chant de l'hymne à retrouver l'intonation des sons associés à ces syllabes.

Le septième son de notre gamme n'avait pas alors de nom particulier; il recevait, selon les circonstances, l'un des noms ci-dessus, ainsi qu'on le verra à la note E.

Cette méthode de solmisation est attribuée à Guido d'Arezzo (1), célèbre moine bénédictin qui vivait au XI° siècle, et qui appartenait à l'abbaye de Pomposa (duché de Ferrare). Avant lui, les notes étaient simplement désignées par les caractères alphabétiques qui servaient à représenter les sons.

Ce ne fut que cinq siècles plus tard que la syllabe si fut ajoutée aux syllabes citées plus haut, afin de compléter la série, et d'éviter les inconvénients que présentait la méthode compliquée des muances (voyez la note E).

Les Italiens, les Français, les Espagnols et les Portugais ont adopté ces syllabes pour nommer les sons; mais les Allemands et les Anglais emploient maintenant encore les lettres pour le même usage.

Note C. — Étymologie du mot gamme.

Les sons de l'échelle musicale, autrefois très-restreinte, étaient représentés au moyen des sept premières lettres de l'alphabet. On employait, pour les sons de la première série, des lettres majuscules; pour les sons de la seconde série, des petites lettres; et pour les sons de la troisième série, des doubles lettres.

EXEMPLE :

A B C D E F G a b c d e f g aa. etc.
la si ut ré mi fa sol la si ut ré mi fa sol la

Or, l'étendue de cette échelle ayant été augmentée (2), en haut de plusieurs sons, et en bas d'un son grave (sol), note figurée par la lettre g, on imagina, pour distinguer ce nouveau g de ceux qu'on avait déjà, d'avoir recours au gamma, ou g grec.

L'échelle fut alors appelée gamme, du nom de sa première note.

Note D. — Origine des clefs; pourquoi elles sont sur les notes fa, ut et sol.

Les clefs n'étaient primitivement que les trois lettres F, C, G, représentant alors les notes fa, ut et sol. Quand on commença à noter la musique par des points posés sur

---

(1) Dans une lettre écrite par Guide à son ami Michel, le savant bénédictin conseille seulement à ce dernier de se servir de ces syllabes initiales, comme d'un procédé pour graver dans la mémoire la différence qui existe entre les sons auxquels elles sont associées. Mais Guide ne dit pas que ces syllabes doivent servir à la dénomination des sons.

(2) Guido d'Arezzo est réputé l'auteur des additions faites au diagramme des Grecs; cependant Guido lui-même parle de la gamme comme d'une chose connue à l'époque où il vivait.

des lignes, ces points ou notes tirèrent leur signification de l'une de ces lettres placées en tête pour indiquer le nom du point correspondant.

La figure de nos clefs rappelle leur origine : on reconnaît encore les rudiments de la lettre qui, défigurée sous la main des copistes, a fini par prendre la forme que nous voyons aujourd'hui à la clef.

Ce n'est pas au hasard que les notes *fa*, *ut* et *sol* ont été choisies pour clefs. Ces trois notes formaient les points fondamentaux de l'ancienne échelle, comme ils sont les cordes génératrices de notre échelle diatonique (§ 120) : c'est à ces trois sons qu'on appliquait tour à tour le nom d'*ut* dans les transpositions de la série des syllabes ; mutations d'où résultaient les *muances* (voyez la note suivante).

Note E. — Étymologie des mots *bémol* et *bécarre*.

Au moyen âge, l'échelle musicale n'était que le *diagramme* (1) des Grecs, augmenté de quelques sons à l'aigu et d'un son au grave (note C).

Cette échelle fut divisée, non plus en *tétracordes* (quatre cordes), comme celle des Grecs, mais en *hexacordes* (six cordes). On appliqua à chaque hexacorde, ou série de six sons, les six noms *ut*, *ré*, *mi*, *fa*, *sol*, *la* (note B).

Dans l'ancienne échelle, une seule note avait deux manières d'être : la *note b*, qui, tantôt correspondait à notre *si* naturel, tantôt à notre *si* bémol.

Or, comme nous l'avons vu (note B), les noms syllabiques donnés aux notes n'ayant été imaginés que pour faciliter le souvenir des rapports des sons dans leur intonation, les mêmes noms devaient toujours représenter les mêmes rapports d'intervalles : c'est-à-dire que toujours *ut ré*, *ré mi*, *fa sol*, *sol la*, indiquaient la distance d'un ton; *mi fa* désignaient toujours un demi-ton.

En conséquence, les six syllabes *ut*, *ré*, *mi*, *fa*, *sol*, *la*, furent appliquées aux sons de la manière suivante :

Lettres qui autrefois désignaient les sons.	c	d	e	f	g	a	b
Noms syllabiques des mêmes sons.	ut	ré	mi	fa	sol	la	

On voit que la note *b*, dont l'intonation variait, n'est pas comprise dans l'hexacorde, et qu'elle n'a pas de nom.

Cependant, quand, dépassant les bornes de cet hexacorde, la mélodie réclamait l'emploi de la note *b*, alors la série des syllabes était déplacée, et, suivant l'intonation que devait recevoir cette note *b*, la syllabe *ut*, première de la série, s'appliquait, soit à la note *g*, soit à la note *f*. Dans le premier cas, le nom de *mi* se rapportait à la note *b* qui formait ce que nous appellerions aujourd'hui *si bécarre* ; dans le second cas, cette même note *b* prenait le nom de *fa*, et donnait le son de notre *si bémol*. De cette manière, la note *b* était nommée, et les syllabes *mi fa* servaient toujours à désigner les notes entre lesquelles le demi-ton se trouvait placé.

L'échelle contenait de la sorte sept hexacordes, divisés en *durs*, *mols* et *naturels*.

_____

(1) Étendue générale des sons du système des Grecs.

TABLEAU DU SYSTÈME HEXACORDAL.

		Hexacorde mol.	Hexacorde naturel.	Hexacorde dur.
ee.........	(mi)...			LA.
dd.........	(ré)...	LA		SOL.
cc.........	(ut)...	SOL		FA } demi-ton.
bb.........	(si)...	FA } [b (si) mol.] demi-ton.		MI } [♮ (si) carré].
aa.........	(la)...	MI }	LA	RÉ.
g..........	(sol)...	RÉ	SOL	UT.
f..........	(fa)...	UT	FA } demi-ton.	
e..........	(mi)...		MI }	LA.
d..........	(ré)...	LA	RÉ	SOL.
c..........	(ut)...	SOL	UT	FA } demi-ton.
b..........	(si)...	FA } [b (si) mol] demi-ton.		MI } [♮ (si) carré.]
a..........	(la)...	MI }	LA	RÉ.
G..........	(sol)...	RÉ	SOL	UT.
F..........	(fa)...	UT	FA } demi-ton.	
E..........	(mi)...		MI }	LA.
D..........	(ré)...		RÉ	SOL.
C..........	(ut)...		UT	FA } demi-ton.
B..........	(si)...			MI } [♮ (si) carré.]
A..........	(la)...			RÉ.
Γ (gamma).	(sol)...			UT.

L'hexacorde *naturel* ne contenait pas la note B (*si*); dans l'hexacorde *mol*, le B (*si*) était appelé *mol* (mou, doux); dans l'hexacorde *dur*, le B (*si*) était appelé *carré*: de là sont venus les mots *bémol* et *bécarre*.

On disait: chanter par *nature*, par *bémol*, ou par *bécarre*, selon l'hexacorde dont la mélodie était formée.

Comme on passait, au besoin, des sons d'une colonne de notre tableau aux sons d'une colonne voisine, un même son pouvait recevoir plusieurs noms. On appelait *muances* (1) ces changements du nom des notes dans la solmisation.

Le tableau qui précède fait voir ces différentes muances, et explique l'usage qu'avaient les anciens auteurs d'employer plusieurs noms à la fois pour désigner une seule et même note. Par exemple, ils disaient: C *sol ut fa*, pour indiquer l'*ut*; A *la mi ré*, pour indiquer le *la*; ainsi des autres notes.

_____

(1) Du latin *mutatio*, changement.

Note F. — **Mesure vraie des demi-tons.**

Le demi-ton diatonique (comme *ut ré* b) était désigné autrefois par le nom de *demi-ton majeur*, et le demi-ton chromatique (comme *ut ut* ♯) était appelé *demi-ton mineur* : expressions qui impliquent un sens contradictoire à la théorie admise aujourd'hui par les musiciens sur la grandeur relative de ces demi-tons.

Cette contradiction a pour cause l'opposition qui existe entre le résultat fourni aux mathématiciens par l'évaluation numérique des intervalles, laquelle fait le demi-ton diatonique plus grand que le demi-ton chromatique ; et les proportions inverses que le sentiment des musiciens attribue à ces mêmes intervalles.

Les physiciens pensent que leur opinion, appuyée sur des calculs positifs, est inattaquable ; de leur côté, les musiciens, guidés par leur instinct, soutiennent l'opinion contraire, qu'ils expliquent par la tendance résolutive des notes qui composent ces demi-tons : en effet, les notes bémolisées ont une tendance à descendre, et les notes diésées une tendance à monter, sorte d'attraction, d'affinité qui prouverait la plus grande proximité des sons entre lesquels elle s'exerce.

Par exemple, *ré* b serait plus près d'*ut* naturel, vers lequel il tend à descendre, que de *ré* naturel ; et *ut* ♯, plus rapproché de *ré* naturel, vers lequel il tend à monter, que d'*ut* naturel.

« Quelques théoriciens, dit M. Fétis, considérant l'affinité dont il vient d'être parlé comme un fait résultant de l'organisation des musiciens, ont dit que ce fait ne détruit pas la théorie, qui ne saurait être fausse ; d'autres ont affirmé que les musiciens font réellement *ré* b en croyant *ut* ♯, et *vice versâ*, ce qui, si cela était vrai, détruirait toute l'économie de la tonalité. Hâtons-nous de dire, continue M. Fétis, que d'Alembert, le physicien Charles, MM. de Prony, Sarart et quelques autres savants, frappés de la solidité de l'objection, ont avoué qu'il est possible que des faits inconnus jusqu'ici renversent l'édifice des calculs qu'on a crus exacts, et que la théorie des véritables rapports des intervalles musicaux est peut-être encore à faire (1). »

La vérité est que la mesure des demi-tons, comme de tous les autres intervalles, varie selon le mode de génération auquel on attribue leur formation. Prenons, par exemple, le demi-ton diatonique *mi fa*, renversement de la septième *fa mi* ; cette septième peut être considérée comme produite par la succession des notes *fa, la, ut, mi* fournies par l'enchaînement des cordes génératrices de la gamme et de leurs harmoniques (page 99) :

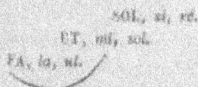

SOL, *si, ré.*

ET, *mi, sol.*

FA, *la, ut.*

Et alors le demi-ton diatonique *mi fa* qui en résulte, aura une valeur de 1 demi-ton et 12 centièmes de demi-ton moyen (2) ; d'un autre côté, en faisant naître le

---

(1) *La musique mise à la portée de tout le monde*, 3ᵉ édition, p. 130 et 131.

(2) Les physiciens établissent ordinairement les rapports des sons par des proportions énonçant la longueur des cordes vibrantes et les vitesses de vibrations. Mais ces proportions ne fournissent pas la représentation intuitive des intervalles musicaux, au point de vue de l'art. Frappé de cette considéra-

demi-ton chromatique *fa fa #* d'une progression analogue d'accords parfaits majeurs.

fa, la, ut, mi, sol, si, ré, fa #, les calculs donneront à ce demi-ton, ainsi produit, une valeur de 0^{demi-ton},92^{cent.} de demi-ton moyen ; ce qui prouverait que, dans ce cas, le demi-ton diatonique *mi fa* est plus grand que le demi-ton chromatique *fa fa #* de 20 centièmes de demi-ton moyen ; et ainsi se trouvent justifiées les qualifications qui leur étaient appliquées.

Mais si, à présent, nous donnons pour origine à ces deux mêmes demi-tons *mi fa* et *fa fa #* une succession de quintes justes (1) : *fa, ut, sol, ré, la, mi*, pour *mi fa* ;

fa, ut, sol, ré, la, mi, si, fa #, pour *fa, fa*, alors le demi-ton diatonique *mi fa* contiendra 0^{d.-t.},90^{c.}, et le demi-ton chromatique *fa fa #* aura 1^{d.-t.},14^{c.} ; d'où il résulte que le demi-ton chromatique *fa fa #* est plus grand que le demi-ton diatonique *mi fa* de 24 centièmes de demi-ton moyen (2).

Envisagés de la sorte, les demi-tons diatonique et chromatique ont donc une valeur respective en rapport avec celle que leur attribue le sentiment pratique des musiciens, et telle est la cause de la contradiction que nous avons signalée, et des discussions auxquelles elle a donné lieu.

Le système du *tempérament égal* réduit, comme nous l'avons déjà fait remarquer, ces différents demi-tons à une parfaite égalité.

Nous allons placer sous les yeux du lecteur l'échelle enharmonique engendrée par une série de quintes justes, et nous placerons à la suite, comme objet de comparaison, l'échelle du tempérament égal (3).

---

tion, un savant mathématicien, de Prony, a établi des calculs au moyen desquels il est facile à chacun d'opérer la transformation de ces rapports en un mode de mesurage conforme aux habitudes des musiciens, c'est-à-dire, s'appliquant directement aux *distances* qui séparent les sons. De Prony substitue donc à des rapports de nombres de vibrations des mesures *effectives* d'intervalles. Le demi-ton pris par lui pour l'unité de mesure est le demi-ton *moyen*, celui fourni par le *tempérament égal*, c'est-à-dire la douzième partie de l'octave. (Voyez l'ouvrage de de Prony intitulé *Instruction élémentaire sur les moyens de calculer les intervalles musicaux*. Paris, 1832.)

On entend par *tempérament égal*, un système d'accord qui, divisant l'octave en douze parties parfaitement égales, détruit ainsi la différence existant entre les demi-tons, et les réduit à une mesure uniforme. Un demi-ton *tempéré* ou *moyen* est donc la douzième partie de l'octave. C'est ce qui a lieu sur le piano (voy. p. 73).

(1) Tous les intervalles peuvent être produits par une succession de quintes justes, puisque toutes les notes, soit naturelles, soit altérées, sont engendrées par cette succession (voy. §§ 129 et 130).

(2) Nous empruntons ces mesures et ces exemples à l'excellent ouvrage que nous avons déjà cité : *Traité complet et rationnel des principes élémentaires de la musique*, par E. Bodin (p. 23 et 24).

(3) Les chiffres de ces échelles sont extraits de l'ouvrage, déjà cité, de de Prony.

Echelle enharmonique engendrée par une série de quintes justes.

NOMS des notes.	UT.	RÉ♭.	UT♯.	RÉ.	MI♭.	RÉ♯.	FA♭.	MI.	FA.	SOL♭.	FA♯.	SOL.	LA♭.	SOL♯.	LA.	SI♭.	LA♯.	SI.	UT.	SI♯.
Distance qui sépare la première note de chacune des autres notes.	d-t 0,00	d-t 0,90	d-t 1,12	d-t 2,04	d-t 2,94	d-t 3,18	d-t 3,84	d-t 3,98	d-t 4,94	d-t 5,88	d-t 5,42	d-t 7,02	d-t 7,92	d-t 8,16	d-t 8,80	d-t 9,06	d-t 9,90	d-t 10,80	d-t 11,10	d-t 12,00 / d-t 12,20
Différence entre les notes enharmoniques.		d-t 0,24			d-t 0,24			d-t 0,24		d-t 0,23			d-t 0,24			d-t 0,24		d-t 0,24		d-t 0,24

(*) Nous avons exigé les fractions plus petites que le centième de demi-ton. Cette dernière note si♯ n'a, en réalité, que 12^{v},23460, et, par conséquent, la différence avec l'ut naturel n'est que 0,23460; nous aurions donc dû écrire dans notre tableau 0,23 au lieu de 0,24 que nous lui avons mis néanmoins pour ne pas rompre l'uniformité de cette minime différence, à peu près exacte partout ailleurs.

Cette table montre clairement la distance qui sépare les notes enharmoniques. On voit que ce petit intervalle, exprimé par la différence existant entre les nombres qui les représentent, est de 24 centièmes de demi-ton moyen, c'est-à-dire un peu moins que la huitième partie d'un ton.

Echelle enharmonique du tempérament égal.

NOMS des notes.	UT.	RÉ♭.	UT♯.	RÉ.	MI♭.	RÉ♯.	FA♭.	MI.	FA.	SOL♭.	FA♯.	SOL.	LA♭.	SOL♯.	LA.	SI♭.	LA♯.	SI.	UT.	SI♯.
Distance qui sépare la première note de chacune des autres notes.	d-t 0,00	d-t 1,00	d-t 1,00	d-t 2,00	d-t 3,00	d-t 3,00	d-t 4,00	d-t 4,00	d-t 5,00	d-t 6,00	d-t 6,00	d-t 7,00	d-t 8,00	d-t 8,00	d-t 9,00	d-t 10,00	d-t 10,00	d-t 11,00	d-t 12,00	d-t 12,00
Différence entre les notes enharmoniques.		d-t 0,00			d-t 0,00			d-t 0,00		d-t 0,00			d-t 0,00			d-t 0,00		d-t 0,00		d-t 0,00

TABLE DES MATIÈRES.

PREMIÈRES NOTIONS.

ÉTUDE DÉVELOPPÉE.

PREMIÈRE PARTIE.

DE CE QUI A RAPPORT A L'INTONATION.

DEUXIÈME PARTIE.

DE CE QUI A RAPPORT A LA DURÉE PRISE COMME ÉLÉMENT DU RHYTHME.

Paris. — Imprimerie de E. Martinet, rue Mignon, 2.

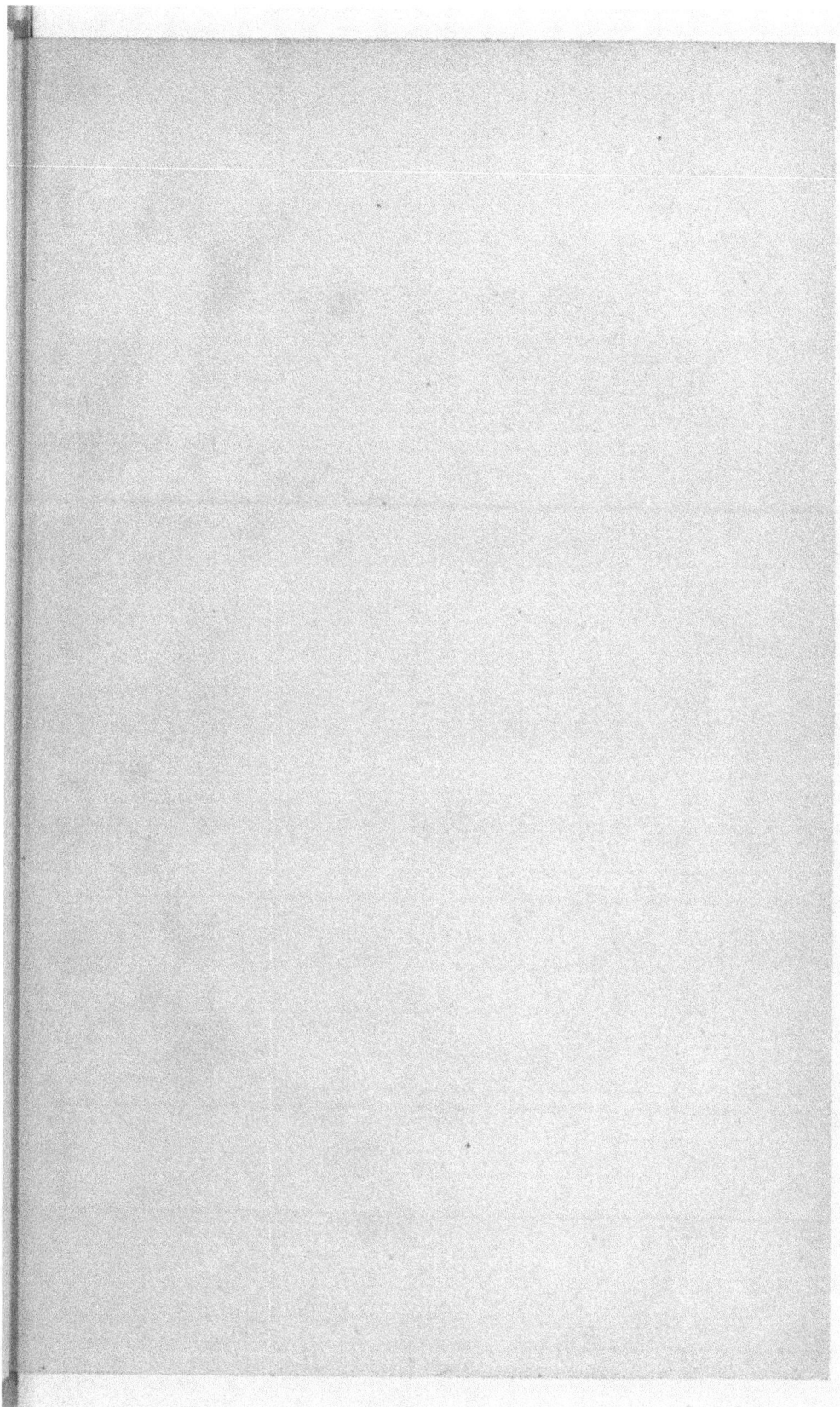

www.ingramcontent.com/pod-product-compliance
Lightning Source LLC
Chambersburg PA
CBHW072002090426
42740CB00011B/2053